阅

阅读成就思想……

Read to Achieve

BROKEN BRAINS

失控的大脑

操纵人类异常行为的元凶

[英] 伊恩·米切尔（Ian Mitchell）／著

周仁来／译

中国人民大学出版社

·北京·

图书在版编目（C I P）数据

失控的大脑 ：操纵人类异常行为的元凶 / （英）伊恩· 米切尔（Ian Mitchell）著 ；周仁来译. -- 北京 ：中国人民大学出版社，2016.11
书名原文：Broken Brains
ISBN 978-7-300-22734-4

Ⅰ. ①失… Ⅱ. ①伊… ②周… Ⅲ. ①心理学－通俗读物 Ⅳ. ①B84-49

中国版本图书馆CIP数据核字(2016)第069230号

失控的大脑：操纵人类异常行为的元凶
【英】伊恩·米切尔　著
周仁来　译
Shikong de Danao: Caozong Renlei Yichang Xingwei de Yuanxiong

出版发行	中国人民大学出版社		
社　　址	北京中关村大街 31 号	邮政编码	100080
电　　话	010-62511242（总编室）		010-62511770（质管部）
	010-82501766（邮购部）		010-62514148（门市部）
	010-62515195（发行公司）		010-62515275（盗版举报）
网　　址	http://www.crup.com.cn		
经　　销	新华书店		
印　　刷	天津中印联印务有限公司		
规　　格	170mm×230mm　16 开本	版　　次	2016 年 11 月第 1 版
印　　张	14　插页 1	印　　次	2019 年 10 月第 2 次印刷
字　　数	170 000	定　　价	49.00 元

译者序

这本书是在不经意中翻译出来的。编辑通过 QQ 向我了解《最佳心理学入门》第 3 版的翻译工作进展，她手头或许正在看一些计划出版的图书清单，就顺手粘贴了《失控的大脑：操纵人类异常行为的元凶》（*Broken Brains*）这本书的目录和简介给我，让我看一下这本书的价值如何。我当时刚吃过午饭准备眯一会儿，于是就把书的简介拿来浏览了一下，很快就被它吸引住了。紧接着，我请编辑把书中的几章发过来，结果又被这些内容进一步吸引了，第一次主动答应愿意翻译一本书。或许这也是编辑不经意的“有意识”之举吧。

正如作者伊恩·米切尔博士自己所介绍的，他是一位神经生物学家和生物心理学家。他有一位不是他工作搭档的妻子——一位神经外科医生，还有一对双胞胎儿子和一个女儿。他的妻子经常要加班做手术，周末也常常得不到休息，用他的话说“与脑外科医生一起生活就意味着要应付傍晚、深夜、周末的‘随叫随到’”。即使回到家里，他的妻子还要处理连续不断的电话咨询、查看传送到家里电脑的脑部扫描图、检查为第二天手术准备的自编外科指南、写研究论文、读期刊文献、编辑用于训练或提供病人信息的录像。他的妻子平时不敢轻易喝酒，因为她随时会去执刀做手术。他的妻子也经常无法按时吃饭，她或者吃三明治，或者把饭菜热了又热。这些描述像极了中国劳模的优秀事迹介绍。读者或许也觉得这不太像一本学术书籍的序言，但这种风格恰是这本书的主旋律，使你觉得自己不是在读一本只讲神经解剖、神经回路枯燥文字的书。

这本书是“从实践角度、借助个案研究和现实生活情境对脑功能加以解释”。伊恩·米切尔博士本身就是神经生物学家，他妻子的工作为其提供了很多现实生活的案例，他把自己的专业研究与妻子的临床实践很好地结合在了一起。这本书的主线索是对脑与行为之间关系的探讨：一方面，要讨论脑、脑细胞和神经递质、神经发育、神经再生和重塑、多巴胺、5-羟色胺、去甲肾上腺素等脑的基本结构、成分及功能；另一方面，要描述上述这些脑组织和成分在精神分裂症、精神病、反社会人格障碍（ASPD）、双相情感障碍和创伤后应激障碍（PTSD）、酒精成瘾、药物滥用、恐惧、焦虑、抑郁，压力、自杀、亨廷顿舞蹈症及抽动秽语、帕金森病、侏儒症、巨人症等异常行为产生中的作用及机制。

上述精神与心理障碍的问题是如此复杂，想将每一个主题都讲述清楚并不是很轻松的事。伊恩·米切尔博士通过具体的实例来描述它们之间的关系，让复杂的问题变得轻松和有趣。比如，他曾被邀请为医疗辩护联盟涉及的法律案件提供专家支持，还可因此赚一点外快。他涉及的一个案件是一位D先生患有催乳素瘤，其在40岁左右被诊断出来该病后，医生开了药方，给他服用一种叫做溴隐亭的药物，使得他的肿瘤缩小了。但同时，D先生的行为发生了问题——酗酒、逛夜总会、寻衅滋事、挪用公款，他最终被投进了监狱。D 先生状告医生的药导致了他的失常行为，使其触犯法律而被送到监狱。这就涉及非常专业的有关溴隐亭是如何起效的机制问题的回答。溴隐亭是一种多巴胺激动剂，它能在垂体中模仿多巴胺分子并与多巴胺受体结合，阻止催乳素的分泌。因此，它没有增加多巴胺的释放，于是就不应该引起欣快感，也就不会导致 D 先生的放纵行为。根据伊恩·米切尔博士的作证，医生的用药是正确的，D 先生的诉讼被驳回了。但伊恩·米切尔博士随后提到“这个案件让人们对专家证人失去了信心”，为什么这样说？读者可以试着从书中的叙述来寻找解答。

近 30 多年来，中国的社会经济快速发展，人们的生活环境、生活方式发生了很大变化，伴随这种变化，抑郁症、焦虑症等精神障碍的发生率也明显上升。据世界银行和世界卫生组织预测，到 2020 年，发达国家和发展中国家中因精神障碍所造成的疾病负担分别占疾病总负担的 21.8%（第 2 位）和 13.7%（第 3 位）。2015 年《柳叶刀》周刊的一项研究指出，中国约有 1.73 亿人患有精神疾病。精神障碍在疾病总负担中已经排名首位，各类精神问题约占疾病总负担的 1/5。这本书中介绍的有关各类精神和心理疾病与脑之间关系的知识，会促进我们进一步认识脑、保护脑、用好脑，减少精神和心理疾病的发生，提高生活质量。

这本书主要是由我和我的课题组的同学翻译的。各部分翻译人员如下：周仁来，序言、致谢、第 1 章；陈莅蓉，第 2 章；江晓敏，第 3 章；章文佩，第 4 章、第 5 章；张红霞，第 6 章；马靓，第 7 章、第 12 章；郭恒，第 8 章；陈小莹，第 9 章；张心，第 10 章；邓雅菱，第 11 章。本书由我进行了统一校对。在此，衷心感谢所有参加翻译的各位同学！也衷心感谢编辑提供的翻译机会！

因学科局限，翻译中存在的错误和遗漏在所难免，请读者在阅读过程中把发现的问题告知我们，以便有机会再版时加以修订。

周仁来

2016 年国庆节于南京大学和园

作者序

这本书讲什么

简单地说，这本书讲述脑是如何工作的，在出故障时会发生什么，而这又会如何阻碍大脑的有效运行，以及大脑不能正常工作时对整个个体和社会会产生什么后果。尽管我写这本书的目标是对脑功能作出一个有趣的、简明扼要的解释，但其内容大体上也是科学的。我努力从关注脑的系统如何相互作用来组织我们的思维、感受和行为的方式来达成这一目标。

总之，本书探讨失常的脑功能会导致多么严重的精神和心理障碍，以及特定的神经环路如何组织我们的社交行为、道德感甚至我们的政治观点。关于脑功能的许多解释往往会伴随着某些异常患者的轶事，我的妻子——一位神经外科顾问曾治疗过这些异常患者，而在我作为一名学术性神经生物学家和生物心理学家的时期，也发生过一些奇特的事件。

这本书给谁看

这本书是打算写给开始学习心理学、神经生物学、医学和与医学相关学科的大学生或者对这些方面感兴趣的读者看的。

本书关于脑功能的许多解释都是从实践角度、借助个案研究和现实生活情境来进行的。这比我们采用标准课本对主题进行描述少了一点枯燥，可能也更令人难忘。我尽量写得通俗易懂，使高中生和大众基本能够理解。你不需要在生物学或行为科学方面有太多的背景知识就能理解这本书。

我为什么要写这本书

在我的大部分成年生活中，由于我妻子的工作缘故，我一直沉迷于脑科学，在工作中是这样，在家中也是这样。我希望的是，这本书能使我在享受呈现这一领域的工作趣味的同时，也能用脑工作的方式传递我的某些迷恋。它也可能由此产生某些有趣的问题，比如，在某种程度上，我们的许多社交弊病也是由损伤的脑功能导致的。

目录

第 1 章　脑、脑细胞和递质

这本书讲述的是脑怎样工作以及在出故障时会发生什么。后面的多数章节讲述脑中的系统是如何相互作用以组织我们思维、感受和行为方式，并通过一些异常患者的轶事来对脑功能进行解释。我的妻子——一位神经外科医生，曾经为这些患者进行过治疗，有些障碍事件则发生在我作为一位神经科学专家期间。而本章主要简要回顾一下脑细胞如何工作、它们如何聚在一起组成脑回路和可辨认的解剖单位等知识。如果对神经解剖学已经很熟悉或感觉这些内容太乏味的话，你可以直接跳到第 2 章。

涂鸦艺术家与天真的爱好

我是在一个星期天早上、睡眼蒙胧的状态下开始写开篇这章的，当时家里的其他人都还在睡梦中。我的疲惫状态与我妻子所度过的艰难一夜遥相呼应，作为一名神经外科顾问，周末我也要在家里随时待命。在电话里进行了长时间咨询后，我又一口气跑去看了一个患者。事情源于一位从一栋建筑物上摔下来的年轻人，他的头部多处受伤，看起来活不了了。

我不是临床医生，但我与妻子对脑有着共同的兴趣。作为一名学术性神经生物学家和生物心理学家，我已经工作 30 多年了。这些能够给我们提供一定理论上的稳定性，因为我的工作生涯比我妻子更具有可预期性，我也具备了理解她处置某些临床事件的部分能力。整晚萦绕在我头脑中的一个问题是，这位特殊的患者是有意跳楼的，还是不小心摔倒跌下来的。而另一个挥之不去的问题是，他是否想自杀？如果是，为什么？我们在这本书里将要看到的一个话题就是自杀及其与抑郁、精神错乱和长期酗酒的关系。

然而，患者跳楼或不跳楼并非真的是神经外科医生最关心的问题，他为什么最初会在那么高的建筑物上也不是他们最关心的问题。最吸引神经外科医生的问题是，他为什么没有更多的感觉。他喝醉了吗？他低估了所处的危险了吗？他不感到害怕吗？

本书中，我们将从不同角度来思考脑如何正常地运转，以防止我们把自己置于危险的情境。我们也关注神经学和精神分析的条件，它们与不能正确评估危险、不能产生恐惧反应以及使我们受到攻击陷入麻烦之中有关。同时，我们还会关注酗酒的效应，它能导致特定神经环路的损伤。我们还会关注脑在青春期是如何发育的。

随着昨晚事件的展开，事情终于被弄清，患者并不是自杀未遂者，而是一个涂鸦艺术家很不幸地选错了用于工作的画布。这一现实导致了另外一系列问题：非法创作真的值得赞赏吗？他天真的爱好是一种危险的沉迷吗？而这样的动机和趋力在脑中是如何编码的。当一个人被吊在排水管上时，神经系统又是如何控制精细运动使其能使用喷漆罐准确作画的？

如果年轻的艺术家真的活下来了，他可能会落下严重的神经残疾。接下来我们将关注什么决定了这些残疾的性质，以及又是什么引起了脑细胞死亡的。我们也将关注在脑受到创伤的时间前后，可以做些什么来降低损伤，并从更长远的角度来思考鼓励功能康复的可能路线。另一方面，如果患者活不下来，那我们不得不讨论近亲器官捐献的问题，从而使得对不幸的艺术家脑是否死亡进行确定变得很有必要。在本书后面的章节中，我们将会回顾这一话题。

对潜在的致命事故作出即刻但或许不够关爱的反应是，这个年轻人本不应该爬到那上面去。他本应该有更多的警觉。此外，他肯定已经被制止过，他肯定故意蔑视法律。这意味着我们的大脑一定包含了通常让我们遵守法律的环路。然而，正如我们将在本书中所看到的，这些环路经常出错。确实，脑中的这些神经环路在发育期间或由于物质滥用与创伤的后果，最易遭受攻击而受到损伤。这将引发我们在后面章节要讨论的伦理问题。例如，故意干预和改变这些环路的功能以及因此改变人的行为，这是否合乎伦理？

本书的总体目标是，要对脑如何工作以及出现故障时应对的表现加以分解。本书的每一章都代表一个松散的相互关联的报告，是以脑功能的某个特定方面来作为中心话题的。大部分故事都将通过实例加以说明，而这些实例来自于我妻子治疗的一些异常患者的案例和在我的工作中发生的离奇事件。我希望这本书读起来不仅有趣，还能告诉读者足够多有关神经心理学方面的知识，并为神经外科医生和学术性神经生物学家的职业生涯提供一些助益。

本章的其余部分会简单回顾一下神经功能，作为更进一步浏览详细解释的序曲。但是，其余许多章节都是相当完备的，所以，你若有自信的话，就往前跳着阅读。

脑细胞

像所有的生物组织一样，脑是由细胞组成的。脑细胞主要有两类：神经细胞（元）和胶质细胞。神经细胞是很有趣的细胞，因为它们是脑的信息加工单位。它们最出名的一点是，其能够产生电信号。比较而言，胶质细胞不直接参与信息加工。确切地说，它们起到支持作用，其中包括限制化学成分在脑组织内、外运动，清除垃圾，去除绝缘物质、髓磷脂，帮助电信号快速传递。

神经细胞是由可分离的元素组成的（见下列专栏中的图 1—1）。在显微镜下，我们最容易看到的是细胞体或胞体。这些胞体尽管在大小和形状有所不同，但通常约有四分之一毫米。细胞体伸出的部分是一个像队列一样长长的、细细的管子，叫作轴突。轴突传导了电信号。轴突的长度大小不一，一个在脑内进行局部连接的神经细胞的轴突可短至不足 1 毫米，而一个从脑沿着各个途径下行到脊髓核的轴突几乎有 1 米长。所有轴突在末端都会被分成叫作轴突末端的小分支。除了轴突，另外一些像枝杈一样的突出物会从细胞体脱离出来，它们被叫作树突。

专栏

神经细胞

神经元是由细胞体或胞体组成，其中包括起到控制中心作用的神经核。从细胞体中突出来的是一系列枝杈状的结构，它们被叫作树突。神经元中细长的管子叫作轴突，轴突形成枝杈并组成了一系列末端。

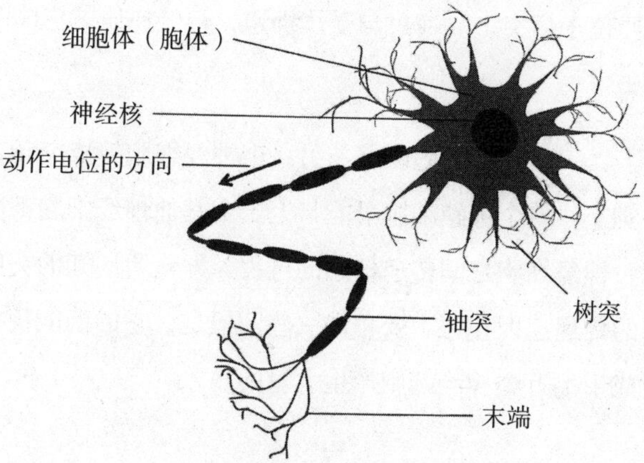

图 1—1　神经细胞：脑的信息加工单位

神经细胞能够产生电信号，它被称为动作电位。这些信号沿着轴突行进到末端，在那里引起叫作神经递质的化学成分释放。这些神经递质在物理空间上四散传播，直到碰上通常位于树突的另一个神经细胞的受体。神经递质与受体的绑定会改变围绕在神经细胞周围的膜的电特性，这样做会影响神经细胞发动一次动作电位的概率。

有些神经递质以兴奋的方式行动，有些则以抑制的方式行动。如果兴奋足够大，超过抑制，接受神经细胞就会产生一次动作电位；如果兴奋没达到阈限水平，接受神经细胞就继续保持静默。

神经功能概览

脑回路中的信息加工涉及电和化学事件的混合。神经细胞能产生以脉冲形式释放的电能量，这被称作动作电位。当神经细胞释放电能量时，动作电位会沿着轴突下行到末端。当动作电位抵达末端时，电信号会引起来自神经细胞的化学成分的释放。作为化学成分的神经递质在一个叫作突触缝隙或突触间隙的小空间上四散传播，直到它同附近的神经细胞受体绑定。受体主要位于树突上。通过与受体绑定，神经递质就影响了神经细胞的电特性。

想象一下，一个神经细胞刚好与另一个神经细胞组成突触，这是很有趣的。但事实上，单个神经细胞可能与上千个其他神经细胞都能进行很好的突触连接。神经细胞之间传递信息的过程，即众所周知的突触传递，与下行到轴突的传递速度相比，要稍慢一些。但是，它的确能使单个神经细胞通过其他成千上万个神经细胞产生大量的输入。

舒格勋爵

对于学生而言，神经传递的过程的确太难理解了。当我想试图解释神经传递是如何工作时，我偶尔使用的一个隐喻是从电视节目《学徒》（*The Apprentice*）中获得的。想象一下，舒格勋爵试图决定是否应该刷掉一个候选者。如果他决定让某个人离开，他就要举起手指，看着这个人的眼睛说："你被淘汰了。"反之，若他决定让他们留在节目中时，就什么也不会发生。一个可信赖的顾问小组会给他提供诸如"淘汰他"或"保留他"此类的建议。舒格勋爵所要做的，就是把多位投票者的淘汰票和反对票加起来。如果达到了阈限值，也就是说，"淘汰他"的数字大于"保留他"的数字，这个人就被淘汰了。现在，增加这个比值使你拥有大约 1 000 亿个阿兰·舒格，每个建议大约来自 1 000 名顾问，这样你就有了一个相当于人类的大脑。

动作电位

像所有类型的细胞一样，神经细胞被细胞膜包裹着。钠离子（钠原子丢失了一个电子，因此就有了一个小的正电位）从神经细胞中被泵出来，不断地跨过细胞膜（见下列专栏中的图 1—2 有更完整的解释），使得电能以电荷的形式不断地被储存在神经细胞中。当钠离子被允许返回神经细胞时，电荷就会被释放出来。这种电荷的突然释放构成了动作电位。如果膜间的电容达到某一水平，动作电位就会被释放（相当于舒格勋爵淘汰了一个候选者）。如果没有达到那个电容水平，就什么也不会发生（没人被淘汰）。

专栏

动作电位、离子交换泵和离子通道

神经细胞膜包含依赖能量的钠离子 / 钾离子交换泵（见图 1—2）。这些泵的运行确保神经细胞外部泵出的钠离子更多，大量钾离子留在了内部。离子的这种不平衡分布，导致了神经细胞膜内外建立起电位差。电位差的值通常徘徊在 –70mV 左右。如果钠离子一旦被允许返回到神经细胞内部，膜间这种电压就会迅速发生改变。如果发生电压改变，电的流动或动作电位就会被释放。膜电位中的动作电位具有突然释放的特征，动作电位会突然窜到 50mV。如果位于神经细胞膜中的细微毛孔——钠离子通道打开，就会发生动作电位。

专栏

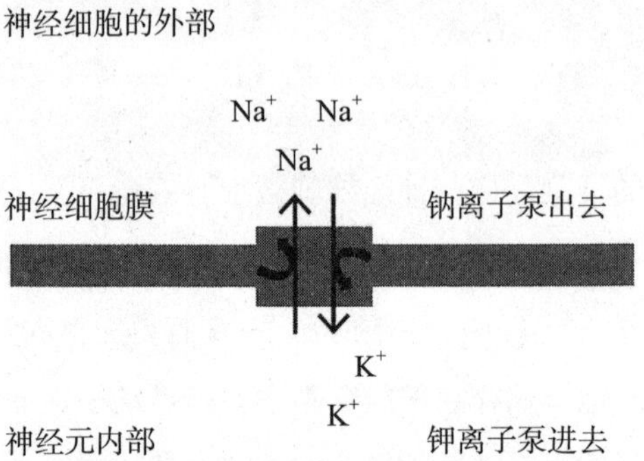

图 1—2　钠离子 / 钾离子交换泵

钠离子通道对电压的变化十分敏感，其反应就像在神经细胞膜上撒辣椒粉一样（见图 1—3）。如果细胞膜电位一旦从 –70mV 变化到 –60mV，这种电压门控的钠离子通道就会打开。如果电压没有达到这个阈限（已知的兴奋阈限），就什么也不会发生。

图 1—3　电压门控离子通道

动作电位的持续时间十分短暂。这是因为钠离子向内部涌动诱发的电位事件迅速被向外部涌动的钾离子所抵消。后者的事件是由于第二套离子通道，即电压门控钾离子通道打开所致。通道是在 0mV 左右被打开的，之后迅速被钠离子向内涌动诱发的电变化所触发。

专栏

除了电压门控离子通道，膜本身也包含对神经递质敏感的离子通道。这些所谓的配体离子通道是与受体耦合的，只在神经递质同相关的受体绑定时才打开（见图 1—4）。在通道打开时，离子也会进入或离开神经细胞。离子的这种运动会引起局部膜电位发生轻微改变。

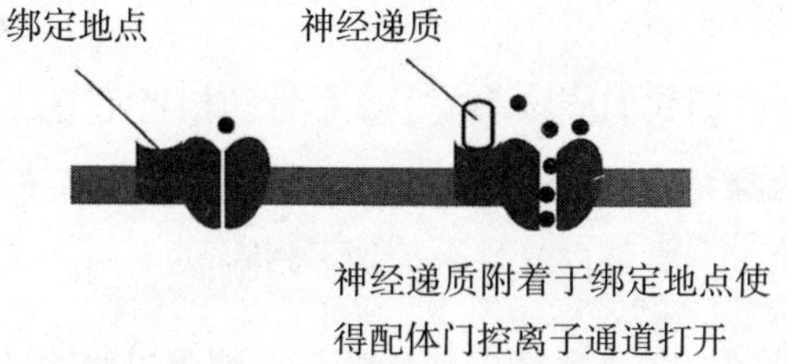

图 1—4　配体门控离子通道

带正电位的钠离子通过配体门控钠离子通道向内部的运动，使得膜间电位变负。膜电位随即从 –70mV 的正常静息电位向 –60mV 变化，这是电压门控离子通道打开的阈限，于是，动作电位就被释放。这些小的更替与兴奋性神经递质有关，指的就是已知的兴奋性突触后电位或 ERSPs。反过来，带负电位的氯离子向内部的涌动增加了膜间的负电位。这使得余下的电位值进一步远离 –60mV，因此使动作电位更难释放。这些更替与抑制性神经递质有关，被称为抑制性突触后电位或 IPSPs。神经细胞上 EPEPs 和 IPSPs 动作的联合行动，决定了动作电位是释放还是不释放。

阈限电压决定了是否达到输入的联合行动，也就是说，神经递质从其他的神经细胞中释放。这些输入中，一些是兴奋性的，推动膜电压向释放一个动作电位的阈限靠近（舒格勋爵的顾问说“保留他”时）；一些是抑制性的，使膜电压远离阈限（顾问们说“不保留他”时）。

动作电位被认为具有全或无的性质，这意味着神经细胞发动和释放一个动作电位，或者没有这样做。因此，由神经细胞产生的动作电位没有大小变化。然而，神经细胞释放动作电位的频率可以变化，这种变化使得神经细胞对刺激的强度或事件的重要性进行编码。例如，让一个灯更亮，灯反应的神经细胞释放动作电位的频率就越大。

比较神经解剖学

通过上面的介绍我们应该清楚了，尽管脑相当完美，但是简陋的神经细胞却真的是愚蠢无比。它所能做的一切就是整合所有来自其他神经细胞的兴奋与抑制输入，决定自己是否达到了阈限。

脑的完美性源自把这些数以亿计的简单细胞以聪明的方式连接起来。所以，理解脑功能某些方面的关键在于，要知道这些神经细胞是如何组织成有用的神经环路的。幸运的是，脑倾向于在模块化基础上加以构建，所以至少可粗浅地认为，不同模块起到不同的作用。

脑可以根据一些主要的解剖结构的表面加以描述。幸运的是，这些不同的解剖结构松散地映射出脑所执行的功能。所以，要弄清楚脑做什么，就先要了解它的解剖结构。要做到这一点，一种方法是比较不同物种的脑。

人、羊和青蛙

我第一次见到我妻子，是在一个致力于研究帕金森病的神经解剖实验室里。许多解剖学家的心理建构是这样的：他们不能容忍扔掉任何东西。因此，实验室的设备有些已经老化了，到处都藏有古生物的大脑。一排架子上排列着旧塑料筐，酸洗罐里泡着五颜六色的动物大脑，这些可能是用来进行动物学比较解剖研究的。每个罐上都用带醒目单词的标签标明大脑来自的动物类型，这些大脑包括羊、猪、兔子、猫和青蛙等动物的。其中一个篮子上写着 H 教授的大脑。这特别吸引人，因为 H 教授是我们系刚退休的系主任。值得安慰的是，这个大脑经过我们确认真的不是他的，确切地说，这是一个已经故去很久的患者的大脑，他捐献了自己的遗体供医学研究。这个大脑有某些异常的病理，H 教授过去打算对其进行研究，但他再也没有足够的时间去做。

这些古老的生物组织，的确能让人很好地了解脑的解剖学结构。人类大脑的显著特征就是大脑半球，这两个面积很大的结构支配着人脑。当一个人观察人脑时，他能看到的东西只有像秸秆一样的脑干和小脑（见图 1—5a）。脑干是脊髓核的延续，它看起来是从脑的底部伸出来的。小脑在控制连续运动中起到重要作用，位于大脑的背部。这些特征我们在羊脑中也能看到（见图 1—5b）。

然而，相对于其他结构，人脑的小脑半球看起来要更小一些。用进化的术语说，这意味着小脑半球代表着神经系统最先进的部分。的确，除了大脑半球，小脑皮层通常被看作是所有脑组织中最完美的。人类的小脑皮层有密集的皱褶，这反映了它的大规模扩张。相比之下，更低级的哺乳类动物，如羊则有相对平滑的、无皱褶的小脑皮层。

羊脑的脑干倾向于在脑中水平延伸，而不是像人脑一样垂直延伸。这反映了羊这种四足动物的特性，它与人类的直立、两足特征是相反的。从羊脑的每一个小脑半球前部腹侧（ventral）表面或底部冒出来的是一个小的结节，叫作嗅球（olfactory bulb）。

这个嗅球位于鼻腔上端的上部，接受来自辨味神经的输入。它们在嗅觉信息向小脑半球更高级的部分传递之前，先进行某些初级的加工。我们也能在人脑的底部见到嗅球，但它们很小。这正好对应了低等哺乳类动物依赖嗅觉信息，而人类则依赖视觉信息。

当进化阶段到了两栖动物时，它们的脑看起来就与哺乳动物的脑非常不一样。然而，我们在青蛙脑中能看到的所有主要成分在人脑中也能发现，只是它们的大小和方位发生了相对改变（见图 1—5c）。脑干依然保持相对不变，这反映了脑干在控制生命依赖的基本过程中所起到的作用。因此，青蛙能用它的脑干来组织诸如抓取食物、逃离捕食者、交配、呼吸、控制心排血量等基本行为。同样的机能在人类中也会起作用，但它是在小脑半球更高级的系统监管下运行的。这些在进化上更接近的脑机制允许脑干产生行为来对事件加以预期，而不是对它们加以反应，以确保对社交礼仪的更多注意来调节有动机的行为。

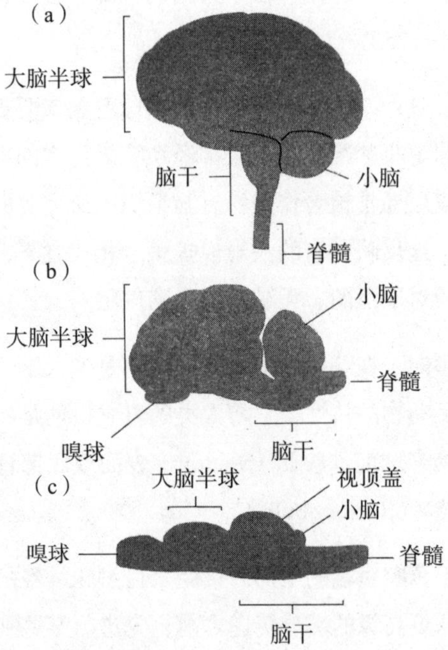

图 1—5　比较神经解剖学——（a）人、（b）羊、（c）青蛙的脑卡通图

注：所有的脑是从侧面（也就是已知的矢状面，与来自前面或冠状面以及来自顶部或水平面的角度是相反的）观察的，每个脑的前部都指向左侧。

像小脑半球一样，青蛙这种两栖动物的小脑也远小于人的。这既反映了两栖动物有限的运动控制，也反映了人的小脑半球同小脑皮层相互作用，因此设计出更复杂的功能方式。

我们能够看见的两栖动物大脑中最大的结构之一叫作视顶盖（optic tectum），这个结构负责青蛙大脑中所有的视觉信息加工。在人脑中也存在视顶盖，尽管它相对来说很微小。在人类大脑中，它倾向于被上丘（superior colliculus）的名字所指代。从脑干顶部看，它好像一个隐秘的小隆起。在突然出现视觉刺激时，这种简单的结构会启动来警告我们，使得眼睛和头能朝向它们，以便更高级的脑系统对它们加以分析。我们更高级的视觉加工是由大面积的大脑皮层，即众所周知的视觉皮层处理的。

功能定位

两个大脑半球中的每一个都可以依据深沟或裂的位置分成四个脑叶。位于脑前部的叫作额叶（frontal lobe），颞叶位于耳旁，枕叶位于脑的后部，顶叶位于其他叶之间（见图 1—6）。横贯于两个大脑半球之间的是中纵裂缝。这是一个很深的裂缝，意味着每个半球都有一个中间的或内部的表面，以及一个单侧的或外部的表面。

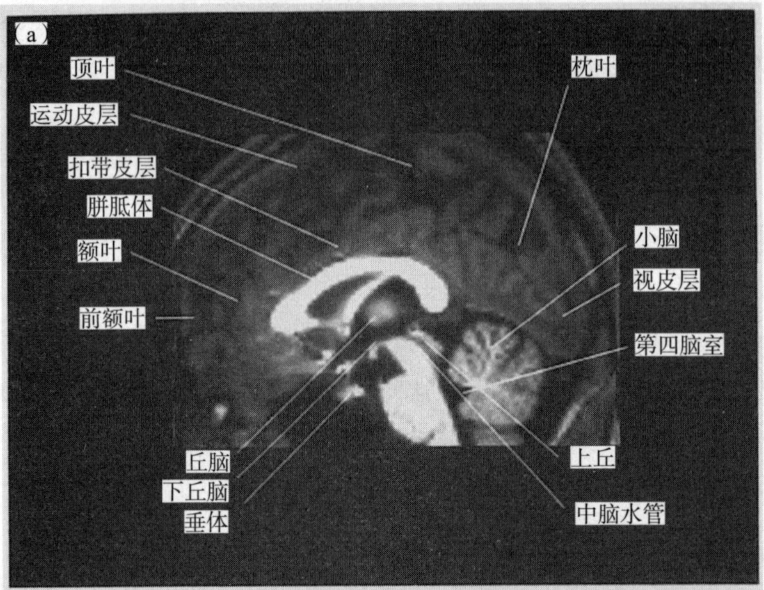
a
顶叶
运动皮层
扣带皮层
胼胝体
额叶
前额叶
枕叶
小脑
视皮层
第四脑室
丘脑
下丘脑
垂体
上丘
中脑水管

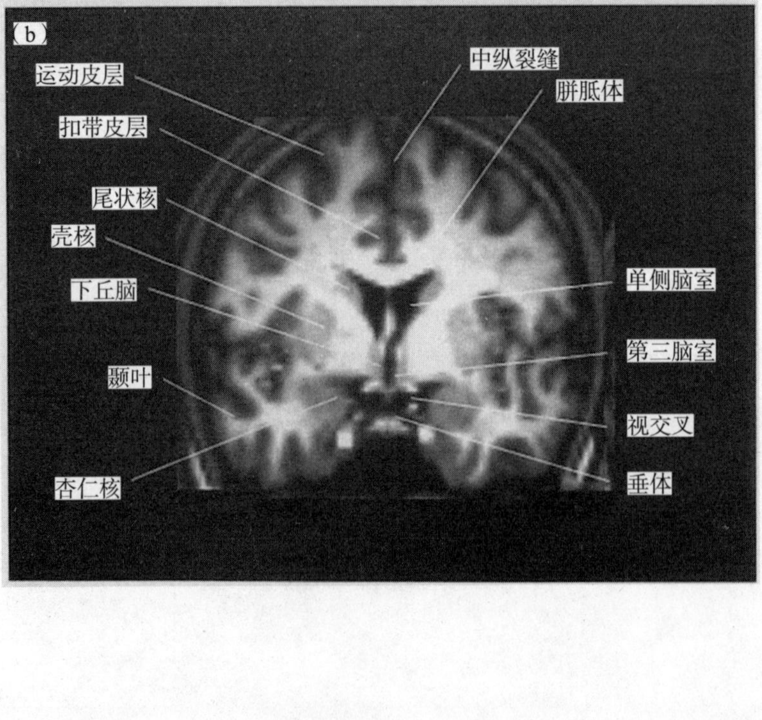
b
运动皮层
扣带皮层
尾状核
壳核
下丘脑
颞叶
杏仁核
中纵裂缝
胼胝体
单侧脑室
第三脑室
视交叉
垂体

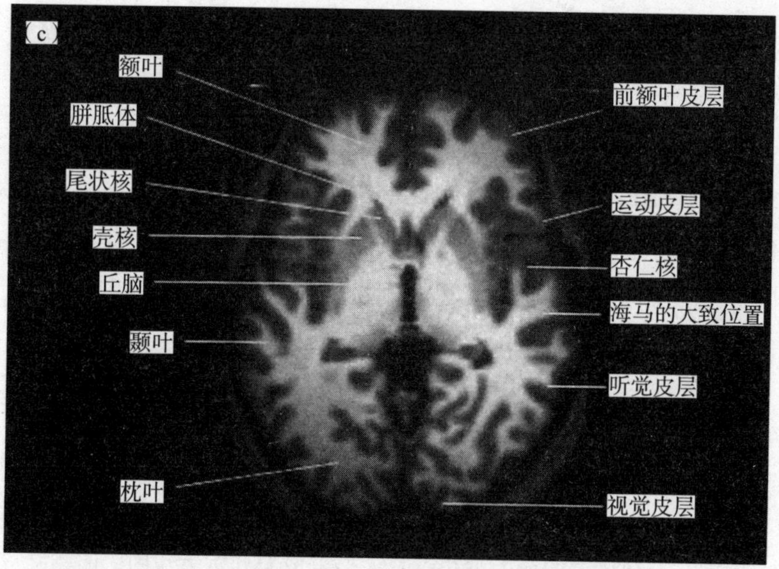

图 1—6　人脑的 MRI 扫描表明主要结构的大致位置
（a）矢状面扫描；（b）冠状面扫描；（c）水平扫描

大脑半球的不同区域做着不同的工作，这种现象被称为功能定位。在某种程度上，这种功能的专门化反映在不同脑叶上。视觉皮层主管枕部脑叶，负责听觉的皮层在颞叶，加工与触觉、痛觉和身体位置有关的感觉信息的皮层位于顶叶。大脑皮层内的感觉信息加工倾向于以分步式发生。信息首先到达的区域叫作初级感觉皮层，而随后到达的区域叫作联结皮层。

额叶并不包括任何感觉皮层，但它却有一个专门的运动皮层条。运动皮层条位于额叶末端的后部，就在顶叶的前面。这一皮层区域的活动对于发动人的各种自主运动（但是，反射性运动并不需要运动皮层的活动）都非常重要。通常，一个大脑半球的皮层活动同身体对侧的事件有关。所以，左半球运动皮层的刺激会引起身体右侧部分的运动。同样地，用左手接触某些东西会引起右侧大脑半球感觉运动皮层的激活。

左侧大脑半球常被看作是优势半球，这是因为它在语言的理解和产生中起到特别的作用。左侧额叶下部一个叫作布罗卡氏区（Broca's area）的部位损伤，会导致人不能说话，但理解语言不受影响。与之相反，左半球颞叶上部一个叫威尼克氏区（Wernicke's area）的部位损伤，会影响人对语言的理解，但一般不影响听和说的能力。

额叶皮层中不属于运动皮层的大部分叫作前额叶。前额叶有时被看作所有大脑中最高级的神经结构。它对我们制订计划、组织复杂的认知和行为、进行决策以及预防冲动行为等十分重要。因此，前额叶皮层的功能对于我们在社交环境中的行为举止以及人格养成起到巨大作用。前额叶皮层本应该阻止我们的涂鸦艺术家进行不必要的、潜在致命的冒险。

意识、青蛙和睡眠

意识和大脑皮层之间有一种特殊关系。我们若要有意识地觉察到某些东西，就要使大脑皮层运行，以便用其来加工与刺激有关的感觉信息。因此，任何阻止我们的大脑皮层正常运行的东西都会降低我们的意识水平，其中包含睡眠和麻醉行为。同样地，就我们所知，低等动物如构造简单的青蛙就没有什么经由大脑皮层的意识，因此它们不能有意识地体验事件和感觉。

有动机的行为

位于大脑半球和脑干联结部位的是丘脑（thalamus）。这是个鸡蛋形状的结构，其主要功能是把感觉和运动信息向大脑皮层输入和输出。

在脑底部丘脑下面的是下丘脑。它控制着内分泌（endocrine，又称荷尔蒙）系统和调节内脏活动的自主神经系统（autonomic nervous system，ANS）。荷尔蒙的释放和我们内部器官的活动，这些对于我们有动机行为的许多方面（如吃、喝以及性行为）和体验情绪的方式等都十分重要。在这样的行为中，下丘脑同颞叶的两个结构（杏仁核加工有明显情绪性的信息，海马与记忆的形成有关）一同起到重要作用。这些结构连同包含颞叶在内的一些大脑皮层一起被称作边缘系统。

胼胝体

两个大脑半球彼此间是通过胼胝体（corpus callosum）进行交流的。这个从一侧看像 C 形的巨大结构能够让两三亿的神经细胞将一个半球同另一个半球进行联系。位于胼胝体下面的是丘脑，位于它上方和 C 形胼胝体之后的是扣带回（cingulate gyrus），它与边缘系统有紧密的联系。

胼胝体因裂脑手术而变得有些臭名昭著。这种极端的外科程序偶尔会在顽固性癫痫患者身上实施。癫痫发作是由于大量神经细胞连续地彼此刺激而兴奋，导致了同步活动波的产生。如果癫痫是局部发生的且持续时间较短，受影响的个体只会显示出轻微症状，如表情茫然或产生记忆幻觉。但是，若癫痫很严重，扩展到整个皮层，患者可能会全身剧烈抽搐，且意识丧失。

裂脑手术要切断连接两半球的轴突，因为它们穿过胼胝体，这个程序能够限制癫痫活动从一个大脑半球向另一个大脑半球扩散。但是，手术的确能导致一些想象不到的认知缺损。例如，切断胼胝体后，患者不能对呈现在视野最左端的物体（如铅笔）进行命名。这是因为视觉信息被输送到大脑右侧半球，而命名物体所需要的语言加工装置却位于左半球。但是，患者却能拿起铅笔，并且确实可以用它来写字。

脑室

在早期的子宫发育时，神经系统就有了生命，像一盘简单的细胞卷起来形成一个空心圆筒，即所知的神经管。这个神经管经历了大规模的、有差别的生长和发育，形成复杂的成人大脑。但是，神经管的残余物在发育过的脑中还是可见的，它被看作一系列有内在联系的、充满液体的脑室，这些脑室被称作脑室系统。

脑室系统共有四个脑室：两个侧面脑室（lateral ventricles），一个第三脑室（third ventricle），一个第四脑室（fourth ventricle）。大多数神经生物学家对脑室的研究没多大兴趣。但是，正如我们随后将看到的，从临床的角度看，它们十分重要，当它们在大脑中导航时，提供了可能有用的物理地标。每个大脑半球都包含一个侧面脑室。这些脑室呈曲线分布，占据了大脑半球的每个脑叶。侧面脑室在脑的中部相遇，形成了狭窄的、裂缝似的第三脑室，其每一侧都处于丘脑和下丘脑上。脑室系统被往下挤压成一条狭窄的沟渠，即大脑导水管，其位于脑干最末端。它随后进入到一个帐篷形的第四脑室，成了位于小脑和脑干上部表面之间的三明治。这个系统内全部都充满着脑脊髓液（CSF）。

操纵脑的方法

我们有时可能有必要对脑内的环路进行操纵。广义来说，这种操纵可以通过外科手术进行，也可以通过使用药物来进行。再来说说之前的涂鸦艺术家，在那种情况下有必要对他进行外科手术，把凝血块从他的脑中取走。如果不这样做，就可能进一步导致神经细胞的死亡。如果患者活过来了，他很可能遭受癫痫发作之苦，必须对其进行使神经元电活动稳定的治疗以限制癫痫发作。这位涂鸦艺术家遭受严重伤害的后遗症是，他有可能更易激动或看上去很困惑。这些症状可能需要使用影响神经功能的药物加以治疗。随后，我们的艺术家会像其他患者一样从头伤中康复，他也可能会出现轻微的情绪困扰，这也需要用影响大脑的药物加以治疗。

对脑有影响的药物能够通过各种机制产生效果，它们通常会干预脑其中的某一神经递质的活动。有些药物通过与受体绑定并诱发相似的生理效果来模拟天然的递质。这样的药物被看作兴奋剂（agonist, 见下面专栏中有更详细的解释）。或者药物也可以与受体绑定，在阻止天然递质接近受体的同时并不会诱发生理效应。这种药物被称作对抗药（antagonist），也可以干预神经递质的合成和释放。其他药物则通过干预中止神经递质活动的天然系统来起作用。

专栏

药物对突出传递的修正

动作电位到达末端会把神经递质释放到突触间隙，它将在小的空间内扩散，直到撞上受体。神经递质与受体绑定会导致关联离子通道打开（见图 1—4），随后离子进出神经细胞的运动会引起神经细胞膜电状态的改变，这会影响动作电位释放的概率。当受体位于突触后膜时（见图 1—7），神经递质会从突触前膜（presynaptic membrane）释放。神经递质通常是在神经细胞内合成的，它在释放前储存在小泡内。

专栏

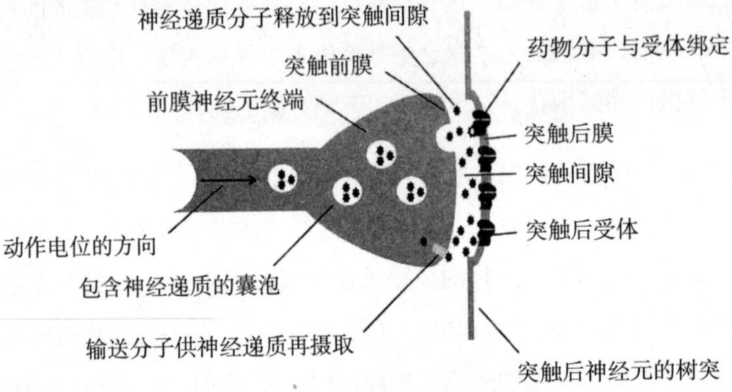

图 1—7　突触和药物作用的位置

人们在神经系统中发现了大约 40 种不同类型的神经递质，它们中绝大部分所起的名字都反映了其化学结构。两种最普遍的神经递质都属于氨基酸。一种是谷氨酸盐（glutamate），是脑中最普遍的兴奋性递质；一种是 γ– 氨基丁酸（GABA），是脑中最普遍的抑制性递质。第三种神经递质——乙酰胆碱（Ach）既存在于大脑中，也存在于专门的神经细胞与肌肉纤维之间的联结处。这些神经递质的活动经常受到一组被称为单胺递质的其他递质的影响。有三种最普遍的单胺递质是多巴胺、去甲肾上腺素和 5– 羟色胺（5-HT）。其他类型的神经递质还有多肽，其中包括后叶催产素、内啡肽。

神经递质或药物与某一特定类型的受体进行绑定的能力是由有关的分子三维形态所决定的。这种相互作用可能是非常特殊的，使得神经递质只能绑定一种类型的受体。但是，有些药物能够绑定不止一种类型的受体。例如，安非他命能影响多巴胺和去甲肾上腺素递质。不仅如此，也时常有不止一种类型的受体只与单一的神经递质绑定。例如，多巴胺

专栏

受体可以再分为 D1 和 D2 受体（而且，这些受体还能再分），每个受体都有自己的一套绑定特性。

与一个受体绑定并模仿自然递质的药物被称作兴奋剂。同受体绑定但不影响生理反应的药物被称为对抗药。其他药物也能阻断递质储存在小泡中，而且其他一些药物也能影响终止突触传递的系统，并因此导致突触内递质水平升高的时间延长。这些药物包括再摄取抑制剂。它们通过阻断专门化分子输送者的活动来起作用，这种分子输送者把递质从突触里移走，送到终端。

药物能都以相当专业化的程度来影响大脑。这种专业化部分反映了脑中发现的不同神经递质的数量，迄今为止，人们发现了 40 多种不同特征的递质。这联结着受体的大量不同子类型，而每一个递质都可与之绑定，这意味着有大量药物可以指向的目标。例如，神经递质 5– 羟色胺（5-HT）这个单一的神经递质能够作用于 30 多种 5– 羟色胺受体，每个受体在脑内都有一个相对特定的解剖分布。因此，人们在理论上能够开发一种药物来影响同种类型的 5– 羟色胺受体，使其影响食欲。而另一种作用于 5– 羟色胺的药物会影响偏头疼。

那位年轻的涂鸦艺术家需要去面对自己的命运，我们转而关注那些患有垂体肿瘤的人。肿瘤阻碍了患者度过青春期，直到他开始吃一些药之前。他的故事开启了我们理解脑如何控制我们的食欲、动机以及如何组织我们的社交行为之旅。

第 2 章　垂体、激素和奖赏

我们在这一章主要关注大脑和脑下垂体在调节激素释放时的交互作用。激素对我们的生理、认知和情绪发展有着重要影响。正如我们看到的，某些激素水平的失常会影响我们的生长发育、体型和性成熟。

一些起着激素作用的化学物质也可以直接在脑内起作用，以正性或负性的方式影响着我们的社会行为。我们也会关注一些控制垂体释放激素的脑机制。这使得我们去检验一种叫作多巴胺的神经化学物质产生的某些脑机制，多巴胺在人们的奖赏和欲望情感中起到重要作用。干预多巴胺的活动会导致膨胀的欲望，而且也能导致明显的社会问题，或许这并不令人惊讶。

恐怖录像片

很多人都会把他们的工作任务带回家。我的妻子作为神经外科医生，带回的工作包括检查为第二天手术准备的自编外科指南、写研究论文、读期刊文献和处理连续不断的电话咨询。她对这些咨询常用的回答包括“检查一下血气”“最好再进行一次扫描”以及我们都担心的一个回答“最好过来看一下吧”。即使难得有点时间待在舒服的客厅里，她也要编辑用于训练或提供病人信息的录像。许多神经外科手术是在显微镜末端进行的。显微镜上装有录像机，它能把手术过程拍成影片。我们在特殊场合被拍到的那个镜头就是切除垂体肿块。

垂体是一个豌豆大小的腺体，附着于大脑底部。它的主要作用是合成及分泌激素。激素是释放在血流中的信号分子，可弥漫到全身。它们最终绑定在靶细胞受体上，会导致这些细胞活性的暂时性改变。由垂体释放的激素经常作用于身体不同部位的器官，比如甲状腺、肾上腺、卵巢和睾丸，促使它们依次释放激素。因此，垂体有时被看作激素（或内分泌）系统中处于首要位置的部分，并被医务人员称为“管弦乐队的指挥”。

虽然严格来说垂体并不是脑的一部分，但在神经外科医生眼中，它足够接近于脑。录像展示给我们的是，在一条长长的、深色洞的底部，一个像小虫子一样的结构，正被一把精细的外科工具以吮吸的动作缓慢推进。这个像虫子一样的东西，即肿瘤，在最初的一些抵抗之后，它突然放弃了战斗，并随着工具消失。

进入垂体来移除肿瘤并不是一个无关紧要的话题。不久之前，这个过程本来还要切开大面积的头盖骨，翻转脑，把它提起来以到达其底部。这不是一个小手术。这项技术取得的突破是，可以采用“口–鼻–蝶入路”（trans-sphenoidal）法，通过鼻子到达脑底部。最初，对于我们这些外行，录像里所发生的事情是令人激动的。显而易见，在手术的最后，当肿块从扩张的鼻孔中取出来时，显微镜也就返回原处了。

巴黎的无腿尸体

人们取得的一项最新进展是采用微创外科原理，他们使用内窥镜从鼻腔到达垂体。不用说，这是一个棘手的手术，需要大量的练习。所以我们神经外科的住院医师们签约参加了匹兹堡的一个相关训练课程，因为那里的技术更先进。该课程自诩以讲师的亲身实践经验为特色，最初看来这似乎很奇怪。人们为何会邀请英国的神经外科医生在美国病人的鼻子里练习探针的插入？答案是，事实上那些用来练习的病人都已经死亡。在美国，政府用强硬的资本主义价值观对待生命，他们从贫穷的公民那里购买其死后的身体，从而确保有充足的尸体可以用来研究。与此相关的一个令人觉得过分的举动是，他们正试图达成有关旅行保险的协议。旅游保险公司有休假和会议的相关条款，但缺乏对死人进行手术的分类。

在医学领域有句被充分实践了的准则，叫作“看一个，做一个，教一个”，这强调了医者对专业技能的快速掌握。遵循这个准则，一封邀请函被寄了过来，邀请我妻子前往巴黎为一个类似的训练课程作指导。或许是出于一种仁慈，巴黎并没有多少已付费使用的尸体，但这种仁慈同样也带来了问题，即如何提供教学材料。解决问题的方法是从美国进口尸体。很显然，这些训练课程只需要使用尸体的上半部分，这一事实似乎使上述情景变得更加阴森可怕。所以，人们只需空运尸体肩膀以上的部位入境，而其他人则可以好好利用尸体的下半部分。

青春期的咖啡

我本人的职业与垂体肿瘤的接触开始于一个来自医疗辩护联盟的电

话，医疗辩护联盟是为法律案件中的医生提供保险金和支持的组织。由于一位医生的处方药引起原告（垂体肿瘤患者）精神失常，并促使其犯下了一系列罪行，这位医生被控诉失职。虽然垂体肿瘤远非我的专业领域所及，但是我确实熟知相当多的治疗药物以及其对患者行为和神经元健康状况的影响。

上述案例的患者 D 先生所患的肿瘤是催乳素瘤，该肿瘤是良性肿瘤，会产生过量的催乳素。

有时，患者是在出现视觉问题后才发现自己患有垂体瘤。这是因为在眼内视网膜上产生的视觉信息，必须通过视神经投射到处理信息的大脑中。每根视神经从各自眼球的背面出发，在大脑底部穿行，而它们交叉的地方正处于垂体后方。视觉世界由眼和脑的视觉通路以空间图的方式呈现，因此，视觉影像中特定的点由视觉系统特定区域的神经元活动呈现。当垂体瘤生长到一定程度，可能会压迫到被称为“视神经交叉”(optic chiasm，源于希腊字母 X）处交汇的视神经，导致视野两侧外周成为盲区（见下面专栏的内容和图 2—1）。

专栏

垂体腺和激素分泌

垂体的主要功能是合成和分泌激素，它附着于脑的底部，接近视神经；视神经携带着来自视网膜的视觉信息，将其传给脑。图像光信号先由眼折光系统转换，再落在覆盖在眼球背面视网膜上的光敏感受器（视锥细胞和视杆细胞）上。光敏感受器的活动反应在视网膜神经节细胞的电活动上，而视网膜神经节的轴突形成了视神经。

专栏

视神经的轴突形成了一种精密的空间特性，即侧面的视网膜图像信号（视野内侧的图像）由视神经束中侧面的轴突传导。相反地，视网膜内侧（视野外侧）的视觉图像信号由视神经内侧的部分轴突所传导（见图 2—1）。

两侧的视神经各自沿着该侧的脑底部行走，其正好在垂体前方相交，形成“X”行视交叉。每根视神经内侧的轴突都是在视交叉处从原侧交叉到对侧，而外侧的轴突则不交叉。这意味着人类视野右侧的视觉信息由脑左侧的神经结构加工处理，反之亦然。

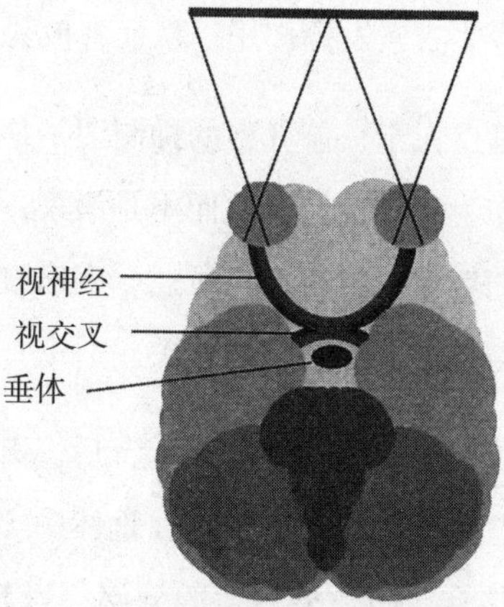

图 2—1　与视觉通路有关的垂体腺

注：随着垂体瘤的生长，其可能压迫到视神经交叉处交汇的视神经，导致了视野两侧外周的目盲。

如 D 先生的案例，一些病人因为身体循环中激素水平异常，结果被发现自己患有垂体瘤。人在怀孕时催乳素水平升高，并且其在新生儿出生后对母体乳汁的产生有重大影响。不仅是女性，甚至连患有催乳素瘤的男性都有可能出现异常产乳。男性催乳素瘤患者同时也会有性功能问题。在D先生的案例中，该肿瘤足够大，以至于患者停止产生睾丸酮，从而使他无法正常经历青春期。奇怪的是，这并没有妨碍D先生结婚，虽然他妻子确实在结婚几年后离开了他，这个婚姻很可能只是形式上的。

尽管催乳素瘤在极少数情况下可采用手术治疗，但大多数还是由药物控制。垂体内释放催乳素的细胞活性被位于下丘脑的一小群细胞所调控，下丘脑则位于脑底部、垂体正上方。下丘脑与垂体的功能紧密结合，前者分泌一系列所谓的释放因子和抑制因子，由垂体控制这些激素的产生。下丘脑将这些激素释放至一个局部精细的血管系统中，该系统将激素转运至垂体前叶，在此处，这些激素发挥作用，从而释放另一类激素。

D先生案例的关键点在于，催乳素的抑制因子是一种叫多巴胺的化学物质。这种化学物质作为一种神经递质而不是激素，从下丘脑神经元释放出来进入垂体。如我们后面（第3章）所述，多巴胺也是造成帕金森病的核心神经递质，并且与精神分裂症密切相关。

D先生在40岁出头被确诊患有垂体瘤后，开始服用叫作溴隐亭（bromocriptine）的多巴胺类似物。该药能在垂体中（同时也能在大脑特定区域）与多巴胺受体接合，阻止催乳素的分泌。当D先生的肿瘤缩小后，其催乳素水平降低，他体内的睾丸酮就开始发挥作用，因此D先生进入了青春期。对于我们来说，青春期的痛苦和磨难经历似乎稀松平常，然而D先生则在中年时的几个星期就完成了这一人生仪式和体验。此后，他开始变得行为不检点，昂贵的夜总会、三陪女和酒精成了他的主要生活主题。警方的报告记录了他制造的一系列混乱，包括一次和英超联赛足球运动员的群架。然而，其主要问题是，他只能通过从公司挪用公款来维持这种生活。在我参与此事前，D 先生已经因欺诈罪被判处监禁，正在服刑中。

D 先生断言他所服用的治疗肿瘤的药物有成瘾性，这使他行为不端且在脑内造成损害，因此他指控给他治疗的医生犯有过失罪。另有观点认为，尽管他得到了告诫和支持，但他的行为依然表现得像个高度缺乏责任感的青少年。

我们想理解 D 先生的指控中所具有的那点合理性，就有必要了解多巴胺在毒品成瘾性及其与欣快感的关系中所发挥的作用。因此，我们必须讲一些冗长的题外话，重新思考一个在 20 世纪 50 年代初的老鼠实验。

1953 年，有一个叫詹姆斯・奥尔兹（Jams Olds）的美国科学家，他在加拿大蒙特利尔的麦吉尔大学（McGill University）生物学实验室工作。他在研究斯金纳箱里面的老鼠在学习时的脑内变化。斯金纳箱（以它的发明者伯尔赫斯・弗雷德里克・斯金纳命名，他是一名拥护行为条件反射的著名科学家）是个装有一个控制杆的封闭箱子。根据箱子的设置，老鼠可以自由按压控制杆，并得到一个小奖励。这种奖励，或者说是内行所知的正强化，通常是一小块食物。因此我们可以训练老鼠，或者说使它适应按压控制杆来得到食物。一旦老鼠习得这种控制杆与奖励的联系，我们就可以调整许多参量。例如，老鼠必须按压控制杆 10 次才能得到食物，或者它能不能得到奖励要看有没有出现灯光指示，这意味着老鼠对这些附加的联系都要学习。斯金纳使用被称为操作性条件反射的技术，让动物在适应方面做得很出色，特别是鸽子。他确实很成功，甚至做到了训练鸽子在一家最近调研过的澳大利亚的工厂里工作，鸽子们从输送带上将经过的不合格螺丝和螺母挑拣出来（据说因为让鸽子干这种活不人道，这种做法遭到了联盟的反对）。

奥尔兹在老鼠脑内植入了一个电极，这是其与众不同的特征。他将电极装上电线，这样一来，每次老鼠按压控制杆都会有一系列小电脉冲从电极尖端释放出来（见图 2—2）。这些脉冲可以刺激电极尖端脑区兴奋附近的神经元。奥尔兹的目的是研究特定的脑区如何影响学习。

专栏

奖赏的神经基础

人们在中脑的两个小核团中发现了大量多巴胺神经元细胞体：黑质和附近的腹侧被盖区（VTA）。前者的退行性改变与帕金森病的发展有关（见第 3 章），而后者被认为是产生奖赏行为的神经基础。黑质多巴胺神经元轴突终止于纹状体的背侧，而腹侧被盖区的神经元轴突终止于纹状体腹侧，也就是伏隔核。人们认为多巴胺释放到伏隔核中是所有各种强化形式的基础。

来自两组神经元的轴突在一个叫作前脑内侧束的结构中穿行于脑的底部。在前脑内侧束释放微电脉冲似乎非常有意义。人们最初关注到这个作用，是因为老鼠会通过按压控制杆来得到对该脑区的电刺激（见图 2—2）。经药理学研究证实，这些强化效应是由于伏隔核中多巴胺的释放造成的。

专栏

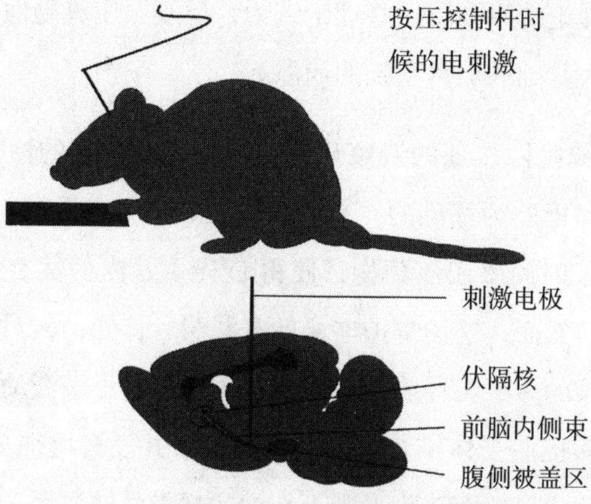

图 2—2　前脑内侧束电刺激的强化效应

让人有点意想不到的是，该老鼠为了得到脑部的电刺激，按压了成千上万次杆子，能得到脑部的电刺激显然比接受食物团块更令它满意。接下来的实验揭示出，只有有限的少数脑区可以被激活并产生如此强大的正强化作用。原来，关键部位是轴突的集合，这些轴突穿行在前脑的底部，被称为前脑内侧束。产生这些轴突的胞体位于一个叫作腹侧被盖区的脑区，而轴突终端所在的结构称为伏隔核。D 先生案例中的关键点在于，这些神经元在变活跃时释放了多巴胺。

原来，我们做任何让我们满意的事情都会引起伏隔核内的多巴胺释放。当我们饥饿吃东西时，多巴胺会被释放进入伏隔核。我们口渴喝水时，也会有这种情况，这也同样适用于性行为。随着清晰的脑扫描技术出现，我们可以证明赌场赢钱也会引发相同的效应。同样，有充足的证据证明，任何成瘾性的药品，无论是其化学性质或其最初是如何影响大脑的，都会造成多巴胺释放进入伏隔核。这个发现也许并不令人吃惊，它已经成为许多成瘾性理论的原则。这些理论认为，反复服用成瘾性药物的过程导致了以多巴胺为基础的奖赏系统的崩溃。

为 D 先生律师团作证的专家认为，D 先生所服用的治疗催乳素瘤药物溴隐亭是以多巴胺为基础的，具有成瘾性，并且导致了他的犯罪行为。他们还认为，长时间服用该药物，使得 D 先生脑内的奖赏系统被过分激活并导致损伤。然而，这场辩护本身就有漏洞。首先，人对奖赏的感觉似乎反映了伏隔核的多巴胺释放。溴隐亭作为一种多巴胺激动剂，会模仿多巴胺分子并与多巴胺受体结合。因此，溴隐亭并没有增加多巴胺的释放，就不应该引起欣快感。而溴隐亭既不作为常规毒品被滥用，也不会在街头被贩卖，这一事实支持上述结论。确实，溴隐亭用作治疗可卡因成瘾的可能性已经被研究。也就是说，有一小群神经科病人在服用大剂量溴隐亭后确实会表现出行为问题。然而，D 先生并不属于此类，而且他的用药剂量也不大。其次，溴隐亭也擅长照顾脑细胞。和所有细胞一样，神经元细胞易受自由基（高度活性的化学物质，可损伤生物组织）毒性作用的影响。溴隐亭担当着自由基清除剂的作用，因此该药被认为能保护奖赏系统的脑细胞，而不是损伤它们。

D 先生的案件被高等法院再次判决，但其判决结果很快就被驳回。唯一合理的结论就是他的治疗是正当的，并且就像一个人要为青春期的不端行为负责一样，他也需要对他那些亲自做出的犯罪行为负责。然而，这个案件让人们对专家证人失去了信心。虽然我很感谢这个案件的工作让我得到了一笔不菲的酬金，但是不得不说，任何阅读溴隐亭相关科学文献的人都会得出同样的结论。

巨人队、足球运动员和食人族

催乳素瘤并不是唯一一种垂体肿瘤。垂体是由很多不同种类的细胞组成的，每种不同的细胞会产生不同的激素。每种细胞都有可能出现问题并发展成肿瘤，因此就出现了激素问题。这些内分泌问题包括与侏儒症和巨人症相关的两种情况。

垂体由两个分离的部分——前部和后部组成，这两部分被分别称为垂体前叶和垂体后叶（见图 2—3）。由垂体前叶释放的激素包括催乳素激素、另一种会刺激甲状腺的激素、与压力有关的激素（促肾上腺皮质激素或 ACTH）、刺激性腺和生长激素。

专栏

垂体和激素的释放

垂体由垂体前叶和垂体后叶两个分离的部分组成（见图 2—3）。

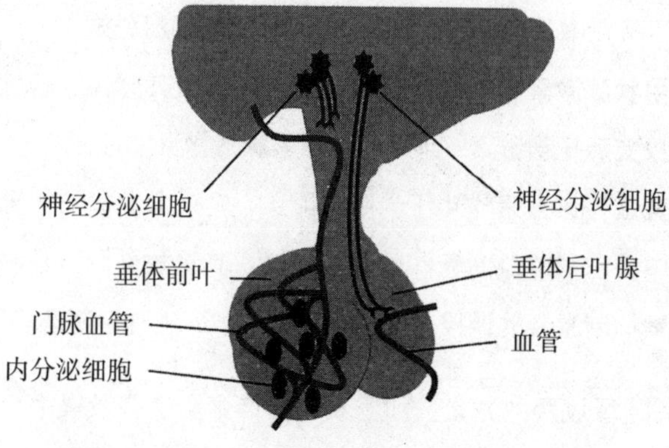

图 2—3　垂体

专栏

垂体前叶分泌的几种激素会到达血液循环系统中，这个过程受分泌释放激素的下丘脑所控制。

在下丘脑中，由小的神经分泌细胞产生释放激素。这些激素进入局部的微血管系统（即垂体门脉系统），从下丘脑作用至垂体前叶，引起另一类激素释放到循环系统。这些垂体前叶激素随后作用于更远的靶器官，其中一些靶器官会释放其他种类的激素。

一些最重要的垂体前叶激素包括以下几种。

- **促肾上腺皮质激素（ACTH）**。这是与压力相关的激素，作用于肾上腺，使其分泌糖皮质激素（见第 5 章）。促肾上腺皮质激素的释放受促皮质释放激素的控制，促皮质释放激素的释放则受下丘脑的控制。
- **生长激素**。该激素促进生长。其释放受生长激素释放激素和生长激素抑制激素控制，这两种激素都由下丘脑释放。
- **促甲状腺激素**。该激素作用于甲状腺，使其分泌甲状腺激素。其释放受下丘脑激素、促甲状腺激素释放激素的控制。
- **催乳素**。该激素作用于乳腺和卵巢，它刺激乳腺产生乳汁；在卵巢中，它影响雌激素和孕酮的分泌。其释放受到下丘脑释放的催乳素抑制激素的调控，现在这种激素被称为神经递质多巴胺。

垂体后叶释放两种激素：加压素和催产素。这些激素由大神经特定的叫作内分泌细胞的神经元合成，这些神经元的胞体在下丘脑中，但它们的轴突往下伸入垂体后叶，并在此将激素释放入血液。

一种相对良性的垂体瘤会导致生长激素过量产生。过量的生长激素会导致人颌骨沉重、颅骨过大和手指脚趾异常，这种情况被称为肢端肥大症。肢端肥大症患者如在十几岁发病就会影响生长，身高会长到超过两米，人们称之为巨人症。

人们可以通过药物或手术治疗这些肿瘤，防止生长激素过量分泌。有趣闻道，一些肢端肥大症患者通常害怕针头和注射，这样的恐惧使其不易成为适合接受手术的患者。的确，我妻子的一个患者曾在多种不同情况下放弃接受手术。甚至有一次，他在手术的最后关头害怕得企图穿着手术长袍逃离。在大量的哄骗和劝说之后，他最终做了手术，结果很成功。这位病人是位富有的成功男人，他许诺给我妻子一份“谢礼”——一辆奔驰跑车。可以想象，过度慷慨也是该病的症状之一。无论情况如何，医院有关于工作人员收礼的规定，这意味着没人想去开那辆车。

我们看到，在肿瘤谱的另一端有一种垂体肿瘤可抑制生长激素的分泌，从而导致一种被称作生长激素缺乏的症状，该症状的特征是生长障碍。这种病症的治疗方法是为患者常规注射人的生长激素。

在罹患生长激素不足的现存的患者中，最为人所知的或许就是阿根廷足球运动员里奥内尔·梅西（Lionel Messi）。梅西被许多人看作是当今世界上最伟大的足球运动员之一，他曾在 11 岁时被诊断为生长激素不足。梅西的家庭和当地的足球俱乐部都不能承担他在生长激素治疗方案上的费用。然而，一家西班牙大型足球俱乐部——巴塞罗那愿意承担这笔费用。这或许曾经激励过梅西，让他与这支来自加泰罗尼亚的球队签约，并且带家人移居到西班牙。

确保在人体内使用的生长激素有安全的来源，已经成为人们的一个重要任务。类似其他激素的供给问题就出现在诸如治疗糖尿病病人的情况中，糖尿病病人体内的胰岛素水平不足。从20世纪20年代以来，猪和牛的胰腺就被用作治疗糖尿病病人的胰岛素来源。然而，采用相同的方法用来解决生长激素不足的治疗方法已经失败，该激素的分子结构在各个物种间完全不同，以至于源自猪和牛的生长激素在人体内会失去活性。直到最近，研究也并没有什么进展，人们只能直接使用来源于人类的生长激素。

人们在尸检时收集垂体，并从中提取人类的生长激素。在美国，这一过程由某个政府中介监管。英国相关监管人员的安排则更加非正式，他们以半隐蔽的方式在尸检时取得人体组织。我听说，人在死亡的时候，其身体就是当地政府的财产。照这样说，验尸的技术人员很不幸，他们按照职责拿走垂体，却会被起诉偷窃政府的东西。

这种提供人类生长激素的手段从伦理和法律角度来说，都是存在异议的，而且该方法也无法（或许是安慰）提供足量的激素。20世纪80年代，克雅氏病（CJD）开始出现，该问题就变得更加复杂了。克雅氏病，或人们有时称之为人类疯牛病，是一种致命的、神经退行性疾病，患病者脑病变部位呈现出多孔海绵状外观，这是由一种朊病毒感染造成的。朊病毒是非生命体，但它有能力复制，使这些极度简单的小蛋白质非常难以消灭。确实，首先它们不是活物，不能被杀死，这就给外科手术部门造成了混乱，因为他们在手术中进行的规范化清洗和灭菌过程对灭活朊病毒来说远远不够。

在英国，随着疯牛病的爆发，朊病毒引起了人们的关注。朊病毒会在牛的脑和脊髓中复制，导致其大量神经元遭到损害，以及使患者出现神经病学症状，牛绵状脑病于是就有了“疯牛病”的称谓。该疾病可由人食用受感染的脑部和脊髓传播，甚至食用含有受感染神经元的肉类也可以传播。据报道，英国近 200 000 头牛受到疯牛病的感染，为了解除这种危机，超过 4 000 000 只动物被屠杀。

人们普遍认为，疯牛病的爆发是由于使用了含牛脑和牛脊髓的饲料，这些组织可能被朊病毒污染。尽管这听起来很倒胃口，但确实牛的组织中也含有感染人类的朊病毒。库鲁病是一种致命的神经变性疾病，该病折磨了新几内亚人许多年，是人吃人引起的后果。在新几内亚的福尔人中，他们有食用最近去世的亲属尸体的传统。在男权的社会中，女人和小孩可选择食用的尸块较少，其中包括头颅。于是，库鲁病在女人和小孩中远比在男性中更常见。

服用人类垂体提取物，可能导致朊病毒传播到生长激素缺乏的患者体内。据调查，人们认为，在 20 世纪 80 年代，确实有 4 个美国病人因此死亡。

随着分子生物学的发展，人们有了可靠的提供充足安全的生长激素的手段。利用重组 DNA 技术，人们可将负责产生生长激素的基因植入细菌中，这些基因就可以产生大量的纯人类生长激素。

爱的荷尔蒙

催乳素和生长激素两者都由垂体前叶释放。垂体后叶仅释放两种激素：加压素和催产素。加压素曾被称为抗利尿激素，因为它在调节肾脏将多少水分排入尿液时发挥重要作用。催产素在生产时发挥作用，它可引起子宫收缩，促使胎儿挤出产道，也能在哺乳期间催乳。最近，由于在人际依恋和亲社会行为形成中发挥的作用，催乳素引起了媒体的关注，加压素也得到一些关注。

催产素是在下丘脑的神经元中制造的，其轴突下行到垂体后叶，在那里可以从专门化的终端释放出来进入血液系统。然而，现在我们知道，催产素可以由下丘脑神经元直接释放入脑。正是由于催产素在脑中产生的作用，导致了亲社会行为的发生，使其被媒体称为“爱的药物”。

催产素和爱的联系，来自人们对野鼠激素作用的研究。一些野鼠，例如草原野鼠，是一夫一妻制，它们在交配后共度余生。其他种类的野鼠，例如山区田鼠，它们则是一夫多妻制。两种田鼠脑内最大的不同就是催产素受体的分布，这充分说明催产素可能影响依恋的生成。

在一夫一妻的动物中，催产素在其交尾时释放。催产素似乎使两只野鼠，甚至是人类结合在一起。催产素的作用可以被催产素拮抗剂阻断。催产素拮抗剂是阻断催产素受体的药物，会阻止激素 / 神经递质刺激受体，而不需要系统本身。在草原田鼠交配时注射催产素拮抗剂，可阻止其伴侣关系的形成。同样的，注射催产素激动剂（一种类似催产素的药物，它与催产素受体结合并激活它）可造成两只草原田鼠在没有交配的情况下建立持久的依恋关系。

人们认为，在生孩子时催产素也有相同的作用。生育过程中催产素引起的子宫收缩，可能伴随着母亲及其后代两者脑内的催产素水平都上升，这或许有助于研究在母婴之间形成持久的依恋关系。尽管在人类体内难以研究这个过程，但在绵羊身上进行研究就很好理解。小羊刚刚出生后，存在一个母羊和小羊羔联系的关键时期，这种联系即母羊依靠气味识别它的后代。这种社会性嗅觉识别和随后发生的母性行为依赖于催产素。

催产素受体和多巴胺强化通路相互连接。这或许提供了一种手段，据此，人类会寻找其他个体来形成依恋关系，而依恋关系的形成是令人满意的。

人可通过鼻内服用激素潜在地升高脑内的催产素水平，这很容易让人想到通过鼻子吸入可卡因。在实验控制下完成鼻内服用催产素，人们发现了被试社会行为的改变。在人们参加已经发展成与经济学相关的实验性游戏时，人类的特点，例如信任、慷慨、利他和移情都可在被试身上测量。这些经典实验包括要求被试在自己和其他被试中划分真实或虚拟的金钱奖励。被试的决定似乎受三种因素影响：私利的欲望、避免自己显得冷酷无情和自私以及其他游戏者不汇报任何慷慨举动的可能性。提高催产素水平似乎增加了游戏参与人的慷慨程度、利他性和信任。然而，我们将在第7章看到，催产素也会对社会行为产生不良影响。

这些催产素，或者说爱的荷尔蒙的潜在亲社会作用已经被一些商业公司认可，它们已经将相关产品投入市场。与该产品相关的一个网页上发布了一个女服务员的证词，该服务员在开始工作前会在身上喷一喷催产素类药物。她宣称这对她收到小费的数量产生了巨大的正向作用。可惜的是，她对产品的信心或许寄托错了。首先，错误的人使用了该药物。她展示给顾客的信任和慷慨的任何作用都会被看到。其次，使用的药物剂量可能太小了，以至于不能产生作用。

这种对大脑如何工作及在出现问题后会发生怎样的初探，主要关注的是下丘脑及其与垂体的相互影响。在这个阶段本应弄清的一件事是：脑是如何分区的。不同部位的不同神经结构会完成不同的工作。然而，一个结构中的问题可以导致看似不相关的回路中出问题。例如，内分泌系统的机制问题可以导致视力问题。相似地，同一个化学物质可以在不止一个地方发挥作用。由下丘脑释放的多巴胺可以对垂体的细胞发挥作用，它也能作用于伏隔核来影响与奖赏相连接的通路。在第 3 章，我将会分析多巴胺如何作用于与强化通路接近的回路，在此处的多巴胺在运动控制中起到重要的作用。

BROKEN BRAINS

第 3 章　帕金森病

帕金森病是以活动困难为特征的神经变性病症，本章试图探讨大脑如何在这一病症的影响下组织我们的活动。在前面的章节中，我们了解到，神经递质多巴胺在我们的奖赏感觉以及激素释放的控制中如何起到关键作用。在这里，我们将看到多巴胺如何在大脑的动作控制系统中起到关键作用，以及药物如何模仿多巴胺逆转帕金森病症状。同样，我们将看到这些药物怎样导致异常活动、奇怪的强迫症行为和令人讨厌的欲望。我们也会了解一些治疗帕金森病和相关症状的高科技解决方案，比如移植脑细胞或用电刺激大脑深处的神经结构。

急诊手术

和一个顾问级的脑外科医生一起生活，就意味着要一天到晚地应付“随叫随到”。这些情景中往往包括大量的电话呼叫、查看送到家用电脑的脑部扫描图、查房和做奇怪的急诊手术。有人可能会想到，这些情况主要是由头部损伤和车祸造成的，也确实如此。然而，伤势较轻的头部损伤通常会交给初级工作人员来处理，如果事先请示了领导的话，他们在晚上可以拿凹陷性颅骨骨折练手。

处理脑垂体的肿瘤，也就是本书第 12 章的重点，这份工作对医生私生活的入侵是无以复加的。医生常常会接到紧急通知，有时需要赶去做外科手术，防止病人永久失明。另外，这种外科手术是高度专业化的，所以患者的手术不能被同事接手。因此，从家庭的角度来看，神经外科专家比较感兴趣的领域是不太需要急诊的手术。我妻子的兴趣之一就是对帕金森病的治疗，这一领域很少会涉及急诊手术。

帕金森病和运动问题

正如我们在第 2 章中所看到的，神经递质多巴胺同时参与了控制某些激素从垂体释放以及奖励在大脑的表征。它还在帕金森病的治疗中起到关键作用。帕金森病会影响人们的运动能力，它是由于缺乏多巴胺而导致的。我们将在后面看到，高多巴胺水平与精神分裂症有关，这是一种以精神错乱（psychosis）为特点的精神疾病。

帕金森病最知名的症状是震颤（tremor）。病人的四肢和身体都显得很僵硬。帕金森病患者进行一些动作也很难，他们往往行动迟缓，弯腰驼背。他们通常要通过强烈的视觉线索才能进行移动，如地板上的条纹。在这种情况下，依赖于附近的视觉线索可能会导致患者很难利用远处的视觉线索穿过门。矛盾的是，患者不仅移动能力有问题，他们的停止能力也有问题。许多帕金森病症状也可能发生在并没有得此病的人身上。这些病人会受到帕金森综合征的折磨。其中最有名的就是前拳击冠军穆罕默德•阿里（Mohammad Ali）。虽然他的一些支持者坚称他得了病，但其病看起来更像是因为运动造成的大脑损伤诱发的症状。治疗这种病症一般不在神经外科医生的职责中，通常是由神经学家开药来减轻其症状。然而，对部分患者来说药物效果有限，这造成了病人不得不靠神经外科手术来治疗。手术涉及损坏部分健康大脑和补偿损坏的部分，其背后原理需要进一步详细解释。但我们首先需要了解更多关于帕金森病的背景信息，以及大脑是怎样控制动作的。

詹姆斯·帕金森、化石、岩石和暗杀尝试

帕金森病因其发现者詹姆斯·帕金森（James Parkinson）而得名，他是一个出生在 18 世纪 50 年代的英国外科医生。他有一双敏锐的眼睛，这使他察觉到一种以震颤为特点的神经综合征。他在 1817 年一篇题为《关于震颤麻痹的论文》的文章中形容它是“震颤麻痹”（paralysis agitans）。这种疾病后来被法国神经病学家沙尔科（Charcot）改名，后者成为第二个对其进行描述的人。

帕金森是个多才多艺的人。除了是一名军医外，他还在古生物学这个新兴学科上具有很多专业知识，同时他也是化石收藏家。他是一个有点特别的地理学家，也是地质学会的创始成员。他也很关心人道主义问题，包括普选权。这使他经常激进地批评政府，并从事了许多激进的事业。他看起来似乎很同情在法国大革命中被推翻的贵族，这种忠诚使他招致英国政府的猜忌，政府怀疑他和刺杀国王乔治三世的阴谋有关，从而对他进行了调查。

黑色物质

在帕金森具有里程碑意义的文章出版近百年后，其之后的病理被一个

名为柴基考夫（Tretiakoff）的俄罗斯病理学家发现。他指出，帕金森病患者脑干的一个微小结构——黑质（substantia nigra）退化后，患者不久就会死亡。这个结构以黑色外观而得名。因为黑质中的一种神经元拥有黑色素，这些有色神经元的死亡会导致帕金森病。

要想知道为什么这么少的神经元死亡会引起这么严重的帕金森病，我们就需要知道三个分离的神经系统如何交互地控制我们的行为。这三个神经系统包括脊髓（spinal cord）、运动皮层（motor cortex）和基底神经节（basal ganglia）。

脊髓反射和自主运动

所有的动作都源自肌肉纤维的收缩。肌肉通常会以相对或拮抗的方式排列——当一块肌肉收缩时，与之相对的另一块就会舒张。肌肉收缩是因为信号顺着所谓的运动神经元的轴突向下。这些神经元的胞体大多位于脊髓的特定地方，它们通常通过一种反射性的方式被激活。这些脊髓反射可以通过到达脊髓的感觉输入被激发。比如膝跳反射，当膝盖被敲打时，筋腱长度就会随之发生改变。同样地，它们可以通过从大脑传到脊髓的信号被激发。实际上，所有的自主运动，无论多么复杂，都是对脊髓反射的序列表征。

在运动皮层和自主运动的启动

一般情况下，自主运动可以被看作源自运动皮层的活动。因此，为执行特定运动的决定会导致运动皮层的神经元放电。

运动皮层位于额叶的后端（见第 1 章图 1—6）。从中产生的神经信号到达脑干中较低层次的运动中心，运动中心将信号发送到脊髓中的动作神经元。通过这种机制，肌肉纤维能以非常受控的方式收缩。不出所料，运动皮层的损坏会导致运动困难，例如脑卒中就是这样的例子。脑卒中的症状通常包括身体虚弱或者部分瘫痪，在这种情况下，与身体一侧相对的那侧大脑一般已经损坏。

自维多利亚时代以来，我们就已经知道运动皮层中有一些空间结构（spatial organisation），其特定位置会控制身体的特定部位。这一结论主要通过对截肢者大脑进行尸检得出的。人们已经注意到的是，肢体的损失和运动皮层特定区域的尺寸减小相关。人们对运动皮层组织的进一步认识来自20世纪50年代彭菲尔德（Penfield）所做的工作。他是一位在加拿大工作的神经外科医生，掌握了刺激有意识的癫痫病人大脑的领先技术。其技术背后的原理是，他可以弄清癫痫病发作背后的病因。这使得他可以仅仅去除最少量的神经组织，以避免损坏脑区，特别是负责说话的那部分。通过这项工作，他构建起了身体在大脑皮层映射的地图表征。这些地图往往以被称为人体模型（homunculi）的身体图片来表征，这个词来自拉丁语“Tittle men”（小人），它代表身体部位皮质区的大小和它对身体某部位控制程度的大小相关，而不是与其真实尺寸相关。这就导致人体模型中有一些怪诞的卡通状外观和一些看起来像树枝状粗大的身体部位，如舌头和手指。

基底神经节和克里斯托弗·雷恩爵士

基底神经节（basal ganglia）是一组密切参与运动控制的大脑结构（最开始人们认为基底神经节的唯一功能就是控制运动，但是现在发现，它们还参与认知和动机的某些方面），其黑质与基底神经节紧密相连，患有帕金森病正是由于基底神经节出了问题。

17世纪60年代，一位伟大的英国解剖学家托马斯·威利斯（Thomas Willis）最先对基底神经节命名。他注意到一束灰质（即一束细胞体而不是以白质呈现的轴突）深埋在被他直接解剖的大脑半球中。之后克里斯托弗·雷恩（Christopher Wren）为他的描述配上了细致的插图，后者以他建筑师的身份及其设计的圣保罗大教堂（St.Paul）而闻名于世。

基底神经节的不同部分命名很混乱，其中最大的组成部分是纹状体（striatum，因为它看起像一些动物大脑中的条纹）。但是，人脑中的纹状体显示为三个独立的部分，每个都有自己的名字，它们分别是壳（putamen）、尾状核（caudate nucleus），还有我们在第 2 章看到的和奖励机制有关的伏隔核（nucleus accumbens，见第 1 章图 1—6）。

多巴胺与帕金森病

黑质神经元的死亡如何导致纹状体出现症状仍是一个谜，直到其症状被发现 50 年后，人们才认识到，黑质神经元的轴突末端在纹状体释放多巴胺。纹状体与其他基底神经节结构相互联系，后者最终会影响额叶皮层的活动，包括运动皮层。因此，纹状体多巴胺的丧失会导致无序信号被送到运动皮层，为了与格言“废料只能出废品”（garbage in, garbage out）相对应，这将使运动皮层传出奇怪的信号，信号传递下至脑干和脊髓，进而导致出现帕金森病症状（见下面专栏中“运动系统是如何组织的”相关内容）。

专栏

运动系统的组织

大脑的运动系统是分级组织的，大脑皮层的运动区域构成较高的层级；而脊髓的运动神经元构成较低的层级基底神经节，影响着层级较高的皮层运动区域（见图 3—1）。

专栏

所有的动作无论多么复杂，都反映了连续的脊柱反射。大脑的运动控制区域引发了这些脊髓反射，以协调和可测量的方式来生产目标导向的动作。

目标导向的自主运动可能会显得自动和简单，然而它们需要较强的规划。简单地考虑一下，我们翻开书的一页所包含和意味着什么。

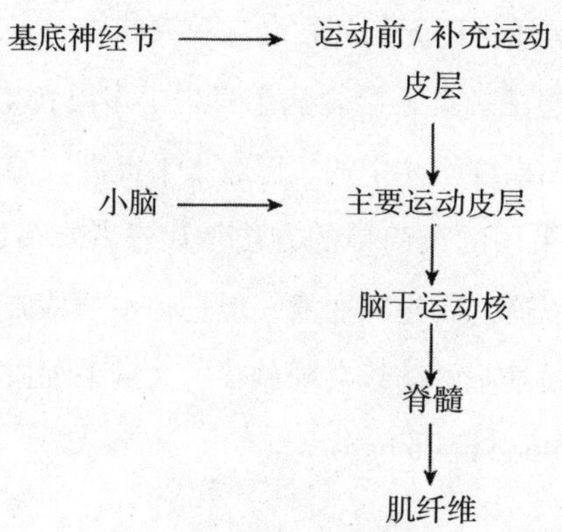

图 3—1　运动系统的层级结构

首先，要确定目标，即哪本书的哪一页被打开，然后就需要明确应该用哪只手的哪个手指进行操作。当我们的手臂伸向书本，我们就需要调整躯干和另一只手臂来维持姿势，还需要估计所用力的大小和手划出的轨迹。例如我们避免碰倒一杯咖啡，而事实上，我们也要抑制竞争性的动作指令，比如拿起杯子喝咖啡时，我们需要决定应该收缩哪块肌肉、以什么顺序喝咖啡、用多久喝咖啡、喝咖啡时哪块肌肉需要放松。我们无论是手在视觉引导下移动，还是在任务进行时继续阅读都将被确定。在一定程度上，解决每一个计算问题（computational problem）都对应着脊髓的特定部分。

专栏

运动前/补充运动皮层负责计划较高层级的运动，而主要运动皮层则负责实施这些计划。基底神经节通过改变运动前/补充运动皮层的决定来发挥自己的影响力。与此相反，小脑是另一运动系统的重要组成部分，它通过改变主要运动皮层的决定来发挥自己的影响力。

我们认识到，黑质神经元的死亡会导致纹状体中多巴胺的损失，那么我们就有了这样的想法：给帕金森病患者提供多巴胺，其症状就会消失。其背后的原理是，如果纹状体中的多巴胺水平提高，帕金森病患者的症状就应该消失。我们采用的最简单的方法是让患者吃多巴胺药丸。不幸的是，虽然多巴胺可以通过肠进入血液，但它却不能从血液进入大脑。这是因为，大脑神经胶质细胞的防线会限制穿过大脑毛细血管的物质数量，这被称为血脑屏障（blood brain barrier）。

左旋多巴胺和觉醒

要回答如何提高大脑多巴胺水平的问题，我们就需要知道一种叫左旋多巴胺（L-DOPA）的化学物质。左旋多巴胺在多巴胺神经元胺中合成，之后转化为多巴胺。最初，左旋多巴胺的合成是缓慢的，在其合成过程中会限制可以转化的多巴胺数量，而服用大量左旋多巴胺会缩短这个过程（见下面专栏中的内容）。这在帕金森病的治疗中很重要，因为随着患者病情增加，多巴胺神经元的数量就会显著下降。

专栏

神经递质多巴胺在多巴胺神经元中形成，随后被释放到突触，在那里它会与突触后多巴胺受体结合（见图 3—2）。

多巴胺神经元的基因表达是酪氨酸羟基化酶（enzyme tyrosine hydroxylase）。这种缓慢作用的酶用于合成多巴胺，催化酪氨酸转化成左旋多巴胺。之后，作用更快的多巴脱羧酶将左旋多巴胺转为多巴胺。

只有在黑质中产生多巴胺的 80% 的神经元都退化后，人才会出现帕金森病的症状，使用左旋多巴胺药物可缓解该疾病的症状。

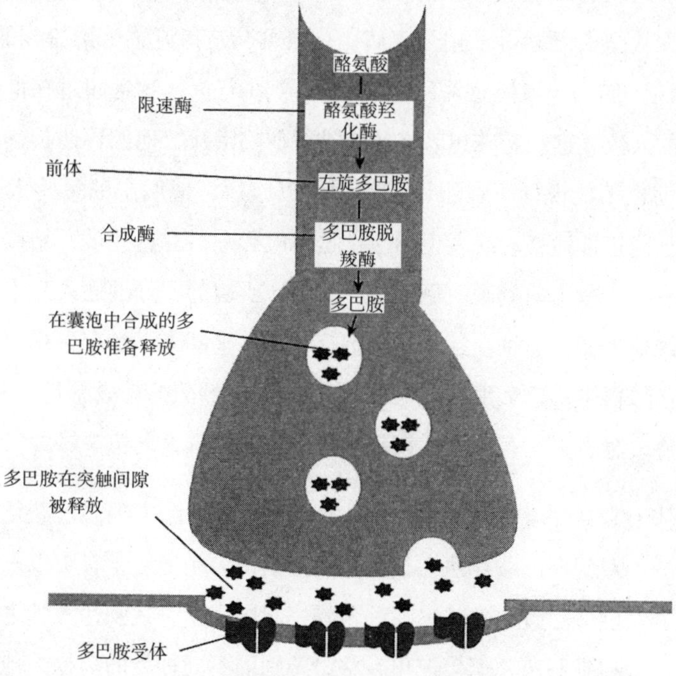

图 3—2　多巴胺神经元中多巴胺的合成过程

专栏

药物不像多巴胺一样可以穿过血脑屏障，接下来被幸存的多巴胺神经元所吸收，而是随后迅速转化为多巴胺，使得突触得以释放的神经递质数量增加。其他治疗帕金森病的方法包括可以直接运用和突触后多巴胺受体结合的药物。

电影《觉醒》（*Awakenings*）对左旋多巴胺疗法的部分发展过程加以刻画，其灵感来自神经学家奥利弗·萨克斯（Oliver Sacks），主演是罗伯特·德尼罗（Robert De Niro）和罗宾·威廉姆斯（Robin Williams），影片的内容是人们试图治疗帕金森病患者。在《觉醒》中，可怜的人们在第一次世界大战结束之际得了帕金森病，这很可能是猪流感传染造成的后果。1918年，人们由于猪流感杀死了5 000万到1亿人，这远超过在世界大战中死亡的人数。这些特殊患者在纽约进行住院治疗，他们昏迷长达40年，且不能动也不能说话。在服用了左旋多巴胺后，他们中的一些人苏醒过来，并且能正常地移动或者说话。在这部电影中，对这些最开始接受药物的患者有一些精彩的刻画。例如，一个卧床不起的安静的病人几十年来只靠喝汤维持生命，但她在接受药物治疗后突然坐起来，在定牛排之前大声说，自己“再也不会喝那团浆糊了”。唉，灵丹妙药的功效总是那么短暂，就如同许多患者无法容忍所需恢复功能的药物的巨大剂量一样。

大体上，在帕金森病的治疗中，患者因服药所激发的多巴胺传递是非常成功的，左旋多巴胺疗法在很大程度上被认为是神经学有史以来最伟大的进步。左旋多巴胺通常与另一种药物一起服用，它在到达大脑之前就被分解。这有利于制药公司生产出有些微差别的不同种类的药物，他们可以夸耀自己的产品是怎样优于竞争对手的。

然而，通过药物治疗帕金森病来恢复多巴胺活性的方法也不是完全不存在问题。通常，患者在服用一剂药物后就会苏醒，大约 20 分钟后，在纹状体中的多巴胺水平将会恢复到正常运动所需要的量。当多巴胺被代谢后，帕金森病症状又会出现，患者需要服用更多的左旋多巴胺。一些患者迅速地恢复到无法活动的状态，其肢体一直处在僵硬中。

左旋多巴胺的副作用

在左旋多巴胺问世 10 年后，相继出现其在患者身上会引发不正常运动现象的相关报告。一些患者在服用药物好几年后，他们从最开始的不能动弹，经过一段持续时间较短的临床正常阶段（short lasting clinically normal phase），最终到达一种四肢乱动的高度活跃状态。这些不正常的运动被称为运动障碍（dyskinesias）。

左旋多巴胺会使一些患者出现精神病的症状，同时也使一些患者出现奇怪的行为症状。这些患者会表现出奇怪且复杂的刻板行为，并毫无理由地不断重复同样的动作路径（motor routines）。这些特别的动作行为被称为模式（punding），而具体的行为模式则与性别相关。女性会反复清空手袋里的东西，只是为了把它们重新放进去，然后不断重复这个过程。与之相反，一些男性会拆开设备，如收音机、烤面包机、汽车零件，只是为了把它们重新安装，并重复这个过程。

多巴胺治疗和欲望

由于使用左旋多巴疗法会产生各种问题，人们开始寻找替代它的疗法，其中包括使用模仿多巴胺且能与多巴胺受体结合的药物。这些药物中也包括溴隐亭，正如我们在第 2 章所看到的，它可抑制催乳激素释放垂体瘤的活动。

当人们患上帕金森病时，通常其功能退化是非常特定的。起初，患者会损失黑质中的多巴胺细胞，黑质中的大部分会传入壳核，还有一部分会传入尾状核，而在腹侧被盖区附近的细胞以及传入伏隔核的细胞（即纹状体的第三部分）保持不变。这就意味着，患者服用治疗运动障碍的多巴胺型药物也有可能对奖励系统产生影响（见第 2 章），这对大多数人来说并不是什么问题，但对少数人来说问题比较严重。

少数帕金森病患者会表现出很多夸张的欲望，这大概反映了多巴胺在奖励和强化中起到的作用，其中也包括不正常的性欲。也有的案例患者由于用药过量，导致他们频繁光顾妓院直到肢体僵直不动，只好让工作人员安排他们回家。

或许更令人不安的是，有些人因此而成为强迫性赌徒。人们身边不乏有这样的案例：一些病人偷偷赌博，结果他们花光了积蓄，输掉了房子。更令人担忧的是，现在的人们可以在自己舒适的家中上网赌博。

目前，这些可怕的社会副作用所造成的真正发病率仍然未知，虽然它们被假定是相当少见的，但却被认定是在治疗过程中可能产生的一系列并发症，这就导致了在美国和欧洲发生的为数不多的几个高调的诉讼案件。最近，法国一家药品公司被法院判定赔偿一位患者 200 000 欧元，因为他出现的“赌博和同性性行为”是服用该公司治疗帕金森病的药物所致，而药品公司没有对药物治疗的副作用给出充分指导。治疗帕金森病的药物为什么会使人的性欲一反常态，为什么会使人潜在的性欲得到释放，这些人们仍然不清楚。然而，必须要强调的是，这些问题只影响到少数病人，所以请抵制诱惑，不要抢走你长辈手中的药物，当然，我们还要看紧他们的信用卡。

脑移植

黑质多巴胺神经元或许有些默默无闻（dumb）。在现实中，它们处理信息的方式和其他神经元一样。然而，他们处理的信息较为低级。另一方面，黑质多巴胺神经元在其将信号传到纹状体的过程中进行了多次分解。因此，多巴胺神经元的影响范围更广，这与大脑皮层细胞以更加精细和特定的加工方式形成了鲜明对比。这种对比的分工可以用音乐类比，其中该皮质负责演奏主旋律，而多巴胺负责音量控制。黑质多巴胺神经元采取相对简单的方式演奏，意味着这个系统比较适合操纵。只要提供足够药量，一粒类似多巴胺的药丸就能使帕金森病患者恢复到可以听到的音量，使纹状体也能听到音乐。

只要出现新的治疗大脑疾病的方法，人们通常会实验其是否能治疗帕金森病，对治疗这种疾病的迫切并不全是因为这种疾病的流行。事实上，一家药品公司的员工曾经对我说，帕金森病只有 0.3% 的流行率，这个程度刚够药品公司维持一个足够大的市场，使得他们有理由去开发治疗的药物。相反地，对这种病症新治疗手段的渴望，反映出帕金森病的简单性。它的特殊病理也使它比其他疾病，比如大片大脑皮质损伤的阿兹海默症更容易被治疗。

其中一种治疗帕金森病的新方法，就是利用移植技术替代已经死亡的脑细胞。这里移植大脑和移植神经元（即黑质产生多巴胺的神经元）的目的并不一致。

神经元是高度分化的，这就意味着它们各有特色。它们形成特殊的形状并且适应于特定的环境，结果就是，它们不适宜移动。典型的器官移植技术，比如那些用在肾脏和心脏上的移植技术就不适用于大脑。

移植成熟且高度分化的神经元非常困难，这使得人们去寻找替代物。目前，人们提到最多的替代物就是干细胞。从发展的角度看，这些干细胞仍然非常年轻。它们还没有完全分化，因此具有根据自己所在环境转变为任何细胞的能力。这些干细胞如果被移植到帕金森病患者的大脑中，可以预见它们将转化为释放多巴胺的神经元。

另一种替代方案是从流产胎儿身上提取组织。这种组织只要足够年轻，就会包含没有完全分化的神经元，说因此会引发道德问题太过于轻描淡写。这个方法最先出现于 20 世纪 80 年代，是在实验室老鼠身上开发出来的，胎儿的多巴胺神经元被直接移植到成年老鼠缺乏多巴胺的纹状体中。实验证明，不管是形成突触，还是根据局部神经活动的反应释放多巴胺，被移植的神经组织是可以存活的，而这就伴随着相对正常的行为出现。不幸的是，这种方法并没有成功地将人类从帕金森病中解救出来，因为许多接受治疗的患者的运动障碍问题仍然在不断发展。

策划药

人们对帕金森病患者的神经移植治疗取得了一定成果，这可能反映了帕金森病的症状改变是缓慢渐进的，意味着其他病理变化可能发生在大脑中，反过来说，大脑多年来可能在补偿多巴胺的损失（帕金森病的症状只有在 80% 的多巴胺损失后才会出现）。但是，值得一提的是有两个病人对移植手术反应良好。

这两名患者出于娱乐原因服用了策划药，并在一夜之间得了帕金森综合征。这种药物被证明极具强效，但具有强烈的副作用，且产生的选择性毒素对多巴胺神经元造成了损害。20 世纪 80 年代初，一群年轻人一直在试图合成鸦片制剂相关的化合物，这些新药将被合法化。不幸的是，这些化学新手在合成化学物质时温度过高，造成反应出错，导致合成的一批药品被称作 MPTP 的化学物质污染了。当人们服用这种药物时，药物会有选择性地破坏多巴胺细胞。服用这些被污染的药物后，这些可怜的人醒来发现，他们几乎不能活动或说话了。有点讽刺的是，他们在被送往医院后，没有被诊断为患有帕金森病，因为很少有年轻人得这种病。他们反而被误诊为精神分裂症患者，并被开了一些阻断多巴胺活性的药物服用，这使他们的情况更加糟糕。最终，一个病人设法通过写字交流，表明他服用了“错误的药”。最终，人们认识到，他们得的是帕金森病，并给他们服用左旋多巴胺（L-DOPA）进行治疗。这扭转了他们的病况，使他们可以亲自解释到底发生了什么事。不幸的是，患者均对左旋多巴胺格外敏感，特别是其中一个病人看到蛇的吓人照片后，其服用运动所需的药物剂量使其患上了运动障碍（dyskinesias）和精神疾病（psychose）。

这也许并不令人惊讶，有一些患者需要满足药瘾，促使他们必须维持轻度犯罪的习惯，其中包括入室盗窃。一个报告叙述了一个病人在他的药效逐渐消失时，他试图通过攀爬园子的围墙进行逃逸。当警察发现他时，他四肢僵硬，抱住栏杆。逮捕他的警官将他从围墙上剥离开，把他的身体弯曲并塞到警车中，然后开车把他带到警察局。不幸的是，这个患者有盗窃前科，现因假释而被监狱释放。这次失败的入室盗窃使他违反了假释期间的规定，意味着他要被重新送回监狱。然而，这群 MPTP 患者中的两个继续进行了神经元移植，并且相对获得了成功。

总体而言，采用神经移植的方法使我们能更深入地了解大脑是如何工作和适应损坏的。然而，这种技术近期似乎不可能为大多数帕金森病患者提供治疗。相反的，采用干细胞技术治疗视网膜退化的眼睛则大有希望。

选择性破坏

移植技术的局限性和多巴胺类药物相伴而来的问题，使得人们去寻求其他治疗方法。奇怪的是，其中最成功的案例可以追溯到20世纪50年代发生的神经外科医生欧文·库珀（Irving Cooper）的一次手术事故。

20世纪50年代，在治疗神经和精神疾病的现代药物问世之前，人们偶尔采用手术治疗严重的运动疾病，包括令病人运动困难的运动失调（movement disorders），其中最典型的例子是帕金森病；也有其他一些病人不能运动的症状，这些被统称为机能亢奋运动失调（hyperkinetic movement disorders），包括舞蹈病（chorea）、扭动、抽动（tics，受影响的部分肢体以轻快急促的方式运动）和颤搐（ballism，受影响的肢体剧烈地胡乱舞动）。令人感到特别惊悚的是，在20世纪30年代初，人们对于颤搐的推荐治疗方法是截肢，采用这种方法的理由是可以阻止患者死于衰竭。

一种常见的治疗重度运动障碍的方法是将神经元的轴突从运动皮层里切除，因为它们通往脑干的运动核（motor nuclei）和脊髓会穿过中脑。有一次，库珀在执行这个相当复杂的手术时，无意间损坏了一个供给前脑的主动脉，他不得不在那个破了洞的动脉上打结。当患者醒来时，却发现这个令人尴尬的手术并发症实际上却使病人的异常动作消失了。

库珀随后通过研究推断，通过尸体的脑血管供应基底节的动脉被破坏了。这导致了一个结论：对基底神经节中特定部分的选择性破坏，可能会导致运动障碍如帕金森病症状的减轻。在接下来的二三十年里，这一结论被库珀通过一系列实验操作得到验证。最终，在药物的副作用改善后，这种手术方式因其相关危险程度一度很少被人采用，而最近它因药物的局限性越来越明显才重新被人推崇。

被冰冻的双腿

我自己在帕金森病研究领域的贡献是参与绘制出神经回路如何影响症状表现。在 20 世纪 80 年代初，人们普遍认为帕金森病源于黑质中多巴胺神经元的退化，导致多巴胺在纹状体中的损失，最终一定会影响运动皮层的运作。然而，人们还不清楚纹状体多巴胺的损失如何导致运动皮层神经元的无序运作（disordered firing）。

我的工作需要进行一系列艰苦的实验，来观察到脑组织薄片中的示踪剂的代谢作用。不幸的是，当温度高于 20℃时，示踪剂就会在组织中扩散。这意味着，脑组织必须在步入式冷冻机（walk-in freezer）中进行处理。幸运的是，解剖学系有一台合适的冰箱。但是，它被用来存放一些从尸体上取下来的身体部分。在开始进行脑组织实验之前，我们有必要清理这个巨大的冰柜内工作台上的空间。例如，移开一些锯掉的双腿，以便在日后更好地对其进行解剖。更糟糕的是，示踪剂有轻微的放射性，它会在 X 光片上通过显微镜载玻片积聚的方式把组织的状态显现出来。X 光片就像照相底片，如果不慎暴露在光线下就毁于一旦，这项工作必须在黑暗中、20℃以下的环境中独立进行（除了被肢解的尸体）。让我感到惊讶的是，很少有其他人愿意做这项工作。

尽管如此，这项工作加深了我们对异常信号怎样从纹状体到达运动皮层的理解（见下面专栏中的内容）。它展示了信息如何在基底神经节的一些其他部分——包括称为苍白球（globus pallidus）和底丘脑核（subthalamic nucleus）进行部分反弹，随后通过丘脑的特定部分最后到达大脑皮层（丘脑有时称为感官中继站，因为大多数感觉信息通过它到达大脑皮层，而且运动信息也会经过它）。

专栏

基底神经节的通路和帕金森病的关系以及深层脑区刺激

帕金森病源于黑质多巴胺神经元的死亡，该结构位于脑干的顶部（见图 3—3a），这些黑质神经元通常会投射到纹状体。多巴胺的损失使在壳核和尾状核的纹状体神经元群体变得过于活跃，导致苍白球神经元、底丘脑核和丘脑运动核放电行为的变化，最终将导致运动皮层的表现异常（见图 3—3b）。

使用深层脑区刺激治疗帕金森病背后的基本原理，反映了用高频电刺激抑制底丘脑核异常放电的可能性。一个放电电极被永久地嵌入到该神经结构，并连接到位于胸腔皮肤下的电池和放大器。

（a）

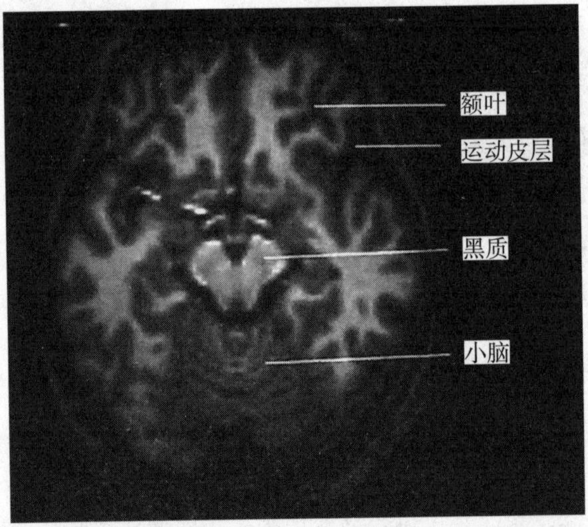

水平扫描显示，相对于额叶的运动皮层和小脑，黑质在脑干的顶端。

专栏

（b）

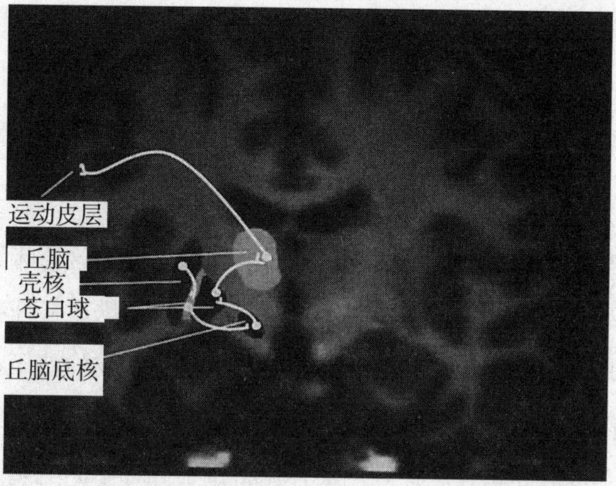

冠状扫描显示，连接基底神经、丘脑和运动皮层驱动的神经通路，会引发帕金森病。

图 3—3　核磁共振扫描扫描显示了基底神经节的位置及相关神经通路连接

在对帕金森病的研究中，一些结构被证明产生了过量的电信号。这使人们重新考虑库珀治疗运动障碍的方法。有人认为，如果能选择性地破坏或消灭异常活跃的结构，患者应该就可以正常运动了。从库珀的治疗方法中发展而来的手术步骤包括插入探针或电极，使其发射射频波进入这些特定的目标结构。该过程使得电极尖端产生的热量破坏了临近的脑组织。不用说，该过程是不可逆的。

深层脑区刺激

一项最新的技术发展就是所谓的深层脑区刺激（DBS）。不同于损毁（破坏）神经组织，这项技术使用非常高的频率对其进行刺激。刺激一开始，电极附近的神经元都静止了。一旦刺激器被关闭，神经元就恢复到先前的电活动水平。因此从一定程度上，该过程是可逆的，且肯定会更少地刺激神经元。另外，这种方法也可以改变刺激参数，从而得到一个更彻底（ingrained）的反应。电脉冲发出的刺激来自一个电池供电的放大器。这些设备通常被埋在胸腔皮肤下，通过皮肤下的导线连接到电极。实际上意味着，这样一个封闭的系统不太容易受到感染。

已安装系统的电池具有相对较短的预期寿命，这意味着有必要节约能源。因此，该系统会在夜间关闭，这是通过把磁铁放在埋在胸壁上的放大器控制开关完成的。人们很容易想象到，如果调皮的孩子在长辈身上用磁铁搞恶作剧，会造成系统混乱并导致困扰。现代所用的系统则有更长的电池寿命，可以一直开启，利用遥控设备调整几种不同的刺激参数，这与一个电视机遥控器并没有什么不同。

虽然这种神经外科的做法在本质上比简单地吞药丸更具有侵入性，但这些技术比库珀那个年代更加安全且受到控制。但是，这种手术面临的一个主要问题是定位相关的大脑结构（the brain structure of interest）。为了正确地理解这个问题，让我们考虑一下采用这种手术对肠道的操作。原则上，整个肠都可能被暴露出来，人们对其修缮并捆扎器官，再将器官放回体腔。很显然，人们不能挖出大脑表层，不然会暴露更深层的结构，比如对基底节产生严重的和不可逆转的损害。此外，虽然我们比较容易区分保存的大脑或者染色的组织标本中不同的主脑区，但对于活生生的人来说就不是这样了。

人们用脑图谱来帮助定位皮层下的脑结构。在一组坐标上，这些脑图谱将大脑由前向后或从上到下的不同部分清晰地显示出来。如果患者的大脑被放在和脑图谱相同的位置，那么相同的脑结构也可以被大概定位出来。这个过程被称为立体定向过程（stereotaxy），其中一个立体定位框架被拧到和患者头部相同的方向。

外科装置如电极可以通过显微操作（micromanipulator）进行连接，之后通过脑颅钻孔，它们被降低到可以通过坐标系定位的大脑深层结构。立体定位程序也通过 MRI 扫描进一步增强其准确性，它可以通过该患者的脑图谱帮助匹配脑结构的预计位置，也可以通过收听电极一端神经元的电活动获得附加的目标信息，因为基底神经节的神经元倾向于释放带有特征频率的动作电位。

深层脑区刺激治疗帕金森病的结果看上去确实很好。在美国进行的一项大规模实验验证其治疗效果，而最近公布的结果显示，接受该治疗的患者其生活质量和独立性都有所上升，随之而来的是其平均寿命也有所增长。多数患者仍然需要采取一些多巴胺药物进行治疗，但需要的量可以显著减少，因此使用药物带来的副作用也变小了。脑深部电刺激在治疗相关运动障碍疾病方面看起来也很有希望，这些运动障碍包括与小脑损害相关的震颤和因相对应肌肉群的同步收缩造成的动作僵化（dystonia，即肌力失常）。

深层大脑刺激或实际上损毁特定大脑区域的方法为什么会对治疗帕金森病那么有效，引发了许多科学争论。这起初听起来似乎有悖常理：去除一大块完全健康的、高度复杂的神经组织，可以纠正其他由于神经元损失引起的问题等。我试图通过以下比喻来理解这种现象：想象一位司机拥有存在故障的卫星导航，这个卫星导航会发送不恰当的指示。因此，原本正常驾驶的司机因不准确的信息而频频出错，最终司机决定关闭卫星导航，凭借自己的认知进行导航。在帕金森病中，运动皮层就像司机遵循基于基底神经节发送的错误指示在进行运作。最终，如果没有这些错误的低级系统指示，运动皮层可能会做得更好。

妄想和强迫症

关于深层大脑刺激故事的另一个转折来自巴黎，在那里接受治疗的帕金森病患者也患有强迫症（obsessive compulsive disorder）。这个治疗使得患者的帕金森病症状得到改善，而多少有些出人意料的是，通过治疗使患者强迫症的症状也减少了。强迫症一直与基底神经节的功能相关，所以我们有一定基础来理解究竟发生了什么事。由于这次偶然发现，我们已经尝试用深层大脑刺激治疗强迫症及一些相关病症，这些病症包括抽动秽语综合征（Tourette's syndrome，见第 9 章）。也有人提出，该方法可以用于治疗抑郁症，并帮助患者控制体重。由于 20 世纪 50 年代（见第 4 章）额叶切除手术的滥用，导致所有这些精神外科手术都有了坏名声，并引发了对处理这类情况程序伦理的严肃辩论乃至法庭诉讼。更有争议的是，这种手术承认了一些犯罪行为是受强迫倾向的驱动。这就提出了这类罪犯是否应该进行脑外科手术治疗，关于这样的说法，至今还没有定论。

帕金森病的案例完美地诠释了损失少量神经元会导致一个脑区中某种特定类型神经递质的缺失，最终可能对患者的大脑造成破坏性的影响。这种病理损害的高度针对性，使得通过药物扭转帕金森病的现状成为可能。同样，如果不能调整药物使其针对受损的神经回路对症下药，就会造成不可预见的严重后果。帕金森病的特殊病理属性使得采取一些“高科技”的治疗方法成为可能，其中包括深层脑部刺激，而其他行为和精神疾病也可受益于这种神经外科干预。这也引发了一系列伦理问题，就是人们对于脑的这些直接操纵是否正当。然而，正如我们在第 4 章中将看到的，用电刺激特定脑区使我们理解了情绪障碍背后的脑部机制。

BROKEN BRAINS

第4章　抑郁、压力和自杀

每个人时常都会有感到沮丧的时候，但对一些人来说，这种低落的感觉可能会非常强烈，以至于使人处于一种病态。我们认为这些个体患有临床抑郁症，而当抑郁足够严重的时候，随之而来的可能就是个体试图自杀。这一章围绕基于临床抑郁症为核心的大脑回路和神经机制展开。我们可以看到，操纵具体的大脑回路是如何对情绪产生深远影响的，这些操纵有时会让情绪变好，而有时则会变坏。我们也着眼于两种神经递质的活动，即5–羟色胺（5-HT）和去甲肾上腺素（noradrenalin），它们似乎都对我们的情绪有着深刻影响。

在我死前遛遛狗

“累了一天”是许多夫妇在结束了一天的工作回到家后对彼此的问候，但对我们来说，这句话有着不同的主题。类似的问候如“手术进行得如何”，回答可以是积极的，“好极了，我做了一个漂亮的颅骨肿瘤小手术”；也可以是消极的，“太无聊了，我们一开始就遇到了大麻烦，因为没有拍胸部X光片”。有一次，这个回答是：“真是奇怪，一个清醒的病人在手术中说，他要在死之前遛遛他的狗。”

这是位患帕金森病多年的男性病人，使用左旋多巴胺（L-DOPA）药物对他的症状已经不再起作用了，而且其病症产生的强烈震颤正在严重地影响他的生活质量。因此，我们考虑通过神经外科手术在他的丘脑中植入一个脑深部刺激器。

最近，我们内部的神经外科医生和她的同事完善了全身麻醉下的深层脑部刺激器植入技术，这项技术综合了脑部扫描和倾听不同神经元群放电特性来确定脑部深处的目标位置，不过在执行这个项目的时候，首先要确保病人是清醒的。

只有当病人是清醒的，人们才有可能一边将一个电极插入到病人脑中刺激局部区域，一边让病人报告自己的感受。病人嘴角产生刺痛感就是对该项技术的一种强有力的反馈，这表明电极处在一个很好的能缓解帕金森病症状的位置。你可能会据此认为，可怜的患者要遭受巨大的痛苦，因为立体定位装置拧进了他的大脑，在他的颅骨上穿了个孔，将一个电极从洞里伸进他的脑中。然而，来自拧螺钉和凿孔的痛苦却被局部麻醉给阻断了。其实将电极插入脑内本身并不疼，因为大脑没有痛觉感受器。乍看之下，这似乎很奇怪，毕竟我们都经历过头疼，其中一些人还经历过宿醉。不过这些疼痛并不缘起于大脑，尽管人们可能感觉疼痛就在那里。这些疼痛其实来自于组织中痛觉感受器的激活，而这些组织就位于大脑附近。

从进化的角度来说，大脑没有痛觉感受器可能是有意义的。疼痛的信息容易被当作一种警告，即此行为正在造成伤害，这会促使人类或者动物采取替代行为来消除对这种组织伤害的可能性。这是一种典型的有关大脑的无效安排，因为等到脑中的任何一种痛觉感受器被直接激活的时候，人们想对受到的威胁提前做些什么都已经太晚了。

再回到我们的帕金森病病人，当在某个特定点打开电极的时候，病人会报告："哦，天啊！我感到沮丧。"而当关掉电极的时候，他似乎又回到了平时的自己。而重新打开电极则会使他报告："我要在死之前遛遛我的狗。"只要在这个特定点打开电极，病人就会重复这句话："我要在死之前遛遛我的狗。"就好像，这个个体在这里至少有一个脑回路，当脑回路被激活时，个体会产生一种强烈的深度悲伤感。

电极究竟处在大脑何处，人们并不完全清楚，它可能离帕金森病病人处理紊乱运动指令的回路非常近。尽管这个病人的反应很罕见，但在其他神经外科小组中也见过病人有类似反应。例如，巴黎的一个小组报告，当对一个女性帕金森病患者脑中距离激活运动症状位置仅2毫米的地方进行刺激时，她表现出显著的抑郁状态。当刺激器关闭时，她的抑郁状态好转了。这些观测结果导致了一个推断，即抑郁也许是一种自然现象，它可以满足某种自适应进化的目的，也许在灾难后分享集体悲伤和抑郁有助于社会群体的团结。

抑郁和压力

在经历过悲伤事件之后，大部分人都会体验到表现为抑郁的低落情绪。但其中有些人的感受是如此强烈和持久，以至于被诊断为临床抑郁症。当人们患有临床抑郁症（有时也称重性抑郁症）时，他们通常会体会到极度悲伤、焦虑和无意义感，并且不再享受那些平常的快乐。他们也表现出食欲和睡眠问题。抑郁是被确诊的最常见的精神疾病之一，大约每六个人中就有一个人在一生中经历过抑郁，预计它很快就会成为发达国家中人们失去行为能力的主要因素。

关于为什么人们会患临床抑郁症没有一致的定论，这可能有多重原因。不过可以确定的是，抑郁症通常产生在经历生活事件或压力状态之后。与之一致的，许多病人会表现出皮质醇分泌失常。皮质醇是一种压力激素，从根本上来说，它是由下丘脑控制分泌的。下丘脑释放一种激素（促皮质素释放因子，CRF），这种激素作用于垂体，使之释放另一种激素（促肾上腺皮质激素，ACTH），之后促肾上腺皮质激素作用于肾上腺皮质，使之释放皮质醇（见第 2 章图 2—3）。

正常状态下，皮质醇每天的释放有着很强的节律性，其在血液中的浓度会在人们刚醒来的时候升高，并且在傍晚时再次升高，而受到强烈的紧张性刺激也会使皮质醇水平升高。患临床抑郁症的人则会表现出皮质醇水平持续升高，或者每天皮质醇分泌模式的失常。

亚伦·贝克（Aaron Beck）研究出一种对比方法来理解抑郁症的基本原因，即集中于那些临床抑郁症患者所表现出的负性思考过程。抑郁病人经常怀有不必要的负性认识和想法，这些观念迅速地自发进入他们的意识，然后引起抑郁和绝望。贝克及其追随者所拥护的治疗方法，重点在于让病人体会、理解负性思想的非理性性质，建立新的思维方式，去思考关于他们的世界以及如何与之互动。有一个很好的关于扭曲的负性思维的例子，他认为可以将其与抑郁相联系。这个来自贝克相关家族朋友的女儿认为自己永远都不可能在“拼字游戏”这个桌面游戏里获胜，因为她“缺少挑出正确字母的技能”（挑选字母是盲目的，所以这完全是个随机的过程）。

起初，人们并不明确为什么有些人会接受这些负性的思维方式，但这确实可以反映出人们潜在大脑化学物质的异常。

抑郁和单胺类物质

早在几十年前，人们就已经知道大脑化学物质的异常和临床抑郁症之间存在着某种关系，这种联系是人们在研究抗抑郁药物的作用时发现的。现在，人们已经发明出了三种普遍的抗抑郁药物，而这三种药物几乎都以同样的方式起作用：它们都增加了一种名叫单胺类物质的大脑神经递质水平，因此大脑中单胺类物质过少被认为是人们抑郁的根本原因。

这三种单胺类神经递质包括以下三种：第一种是我们已经提到过的多巴胺（这个名字反映出其化学结构中有胺基的存在）；第二种是去甲肾上腺素（noradrenalin），它在化学结构上与多巴胺非常接近；第三种是 5– 羟色胺（5-HT），也被称为血清张力素，在其化学公式被人所知之前，它一直被称为递质。这三种神经递质化学结构间强烈的相似性表明，影响一种单胺类药物水平，可能对其他两种单胺类药物水平造成影响。

正如第 2 章中所说，有一些多巴胺神经元在下丘脑中负责调节催乳激素的分泌。然而，大部分多巴胺神经元分布在脑干顶部黑质的内部及周边。这些神经元数量牵涉到奖赏的神经基础（见第 2 章），而且神经元数量的退化会导致帕金森病（见第 3 章）。在蓝斑和中缝背核两个小组织中，可以发现大部分释放去甲肾上腺素和 5– 羟色胺神经元细胞体，这两个组织也分布在脑干中。尽管这些脑干核团中的单胺神经元较少，但它们却可以对大部分大脑皮层和纹状体产生巨大影响。这是因为当它们从脑底运动到前脑的时候，它们的轴突会细分至极大的程度。因此，一个单独的单胺神经元可以影响前脑中数以万计的神经元活动。

脑银行

这些年来我做了许多关于多巴胺的研究工作，但我却很少关注去甲肾上腺素和 5– 羟色胺。除了在一次研究中，我帮忙描绘出了 5– 羟色胺感受器在人脑中的分布图。

所有的递质都是通过与特定的受体绑定起作用的，这使得包裹在神经元外细胞膜的离子通道打开，并允许一个离子穿进或穿出细胞。只是通过离子通道的开放就会导致局部膜电极的属性变化（见第 1 章），这种情况有点复杂，因为大部分递质有不止一种类型的可供结合的受体。

例如，多巴胺有 5 种不同类型的受体，分别是 D–1 多巴胺受体、D–2 多巴胺受体等，每种受体发挥的作用略有不同。5– 羟色胺可以被识别的受体较多，大约有 30~40 种。我现在做的则是关于一种特殊受体 5– 羟色胺的研究。

当然，要想研究受体在人脑中的位置，首先要找到一个可供研究的大脑，而这件事竟然如此之难。但有些人会很乐意在死后将自己的脑捐赠给医学研究机构，慈善机构负责处理这些捐赠。例如，帕金森病患者可能将他们的脑捐赠给帕金森疾病协会，然后这些大脑将被储存在脑捐赠银行，研究者们如果有一个值得去做的实验则可以申请使用这些大脑。因此，在实验开始之际，我驱车去一个很远的脑捐赠银行取一些冷冻的大脑样本，这些样本被保存在 –70℃ 的固体二氧化碳中。不幸的是，在刚开始回程的时候，我的车开得比预期慢了一些，而固体二氧化碳融化了很多，这意味着我不得不在路程的后半段超速行驶。幸运的是，我并没有因为超速而被拦下，尽管我很乐意对警察说：“警官，对不起，我必须要在大脑融化之前赶回去。”

单胺的调节

和所有的神经递质一样，当动作电位流向轴突时，单胺从神经元末梢被释放出来。释放单胺的时候，递质被释放到突触间隙。突触间隙指的是两个神经元之间狭窄的物理空间，其中充满了液体。递质在突触间隙中扩散到突触后膜受体或突触后神经元，如果受体处于正确的形状，递质将会与受体结合，影响神经元上的电特性。

突触中的神经递质一旦完成自己的工作，就必须终止其影响。如果影响没有停止，神经递质将会继续撞击并激活受体。大脑中所有 40 多种神经递质（除了乙酰胆碱）的失活过程，都与神经元把释放到神经突触的化学物质"吸收"进去有关。更准确地说，神经递质与特异的转运蛋白分子结合，转运蛋白将化学物质运送出突触并跨过末梢的膜。干扰转运蛋白的药物可以阻止神经元重新吸收神经递质，因此，神经突触中转运蛋白的水平会一直较高，并且持续激活相关受体。使用药物控制此机制，可以提高抑郁症患者体内的单胺水平。

抗抑郁药物

第一种用来治疗抑郁症的药物是三环类药物，其名称反映出它的化学结构主要为三个苯环。虽然这些药物是在 20 世纪 50 年代被首次引进，但是至今仍被用于抗治疗性抑郁症患者的治疗。三环类药物通过阻断去甲肾上腺素和 5– 羟色胺的再吸收来治疗疾病，但此药物对阻断多巴胺的效果甚微。因此有人怀疑，多巴胺在抑郁症的治疗中扮演着一个相对不太重要的角色。

第二种抗抑郁药物是单胺氧化酶抑制剂（MAOIs），其治疗原理与三环类抗抑郁药物稍有不同。当单胺被再吸收到释放它们的神经元中时，会发生两种情况：第一，转运蛋白被包装，以备下次产生动作电位时再次释放；第二，如果神经末梢有过多的转运体，它会被一种酶所破坏。很多酶的名称一般都以“酶”结尾，所以释放单胺的酶被称为单胺氧化酶。因此，服用阻碍单胺氧化酶的药物可提高神经末梢释放转运体的水平。

和三环抗抑郁药一样，单胺氧化酶抑制剂抗抑郁药物也问世于 20 世纪 50 年代，它们被广泛用于治疗抑郁症和非典型抑郁症。但是，这些年来，人们开始担心单胺氧化酶抑制剂抗抑郁药物（MAOIs）的安全问题，其中也围绕着一些对“奶酪效应”的担忧。奶酪和其他一些常见食品中含有大量被称为酪胺的化合物，高水平的酪胺会促使人释放肾上腺素，使人的血压升高到致命水平。但人们通常不需要担心这样的问题，单胺氧化酶抑制剂抗抑郁药物中酪胺的含量很低，而且它已经被单胺氧化酶所分解。但是，使用单胺氧化酶抑制剂治疗抑郁症则会使这种安全机制失活。然而最近，人们对单胺氧化酶的功能有了进一步了解，对这些安全问题又有所挑战。

大多数现代抗抑郁药都属于“选择性血清素再吸收抑制剂”类，或简称其为 SSRIs，市场上在售的、最为人所知的 SSRIs 类药物为百忧解。从药理学角度来看，这些药物都作用在 5– 羟色胺转运体（或血清素）上以增加 5– 羟色胺水平，但不会影响去甲肾上腺素和多巴胺水平。当然，比起旧类的抗抑郁药，SSRIs 类药物相对安全。但是，它们会导致某些副作用，例如性功能障碍。也有人反映，SSRIs 类药物会引起极少一部分病人的自杀倾向。

抗抑郁药物的药效

抗抑郁药物对抑郁症的显著效果表明，抑郁症与大脑中较低水平的单胺有关。此外，SSRIs 类药物的作用表明，5– 羟色胺（或血清素）在抑郁症中发挥着特定作用。但值得注意的是，抗抑郁药物的双盲实验，即临床医生和病人都不知道病人服用的是活跃的还是不活跃的化合药物的实验，表明抗抑郁药物往往具有安慰剂效应。此外，那些难以评估有效性的谈话治疗也会产生类似的安慰剂效应（即服用不活跃的化合药物产生的影响）

尽管很难确定抗抑郁药物的治疗效果，但是这个很有说服力的实验支持了大脑中 5– 羟色胺（或血清素）的水平和抑郁症有关联的假设。5– 羟色胺是由神经元中的色氨酸合成的。色氨酸本身不能被合成，但可以从食物中摄取，例如鸡蛋、鱼，奶酪中色氨酸的含量尤其丰富。人们食用不含色氨酸的食物会降低身体中的色氨酸水平，导致大脑中的 5– 羟色胺水平降低。实验表明，处于缓解期的抑郁症患者在食用缺乏色氨酸的食物后会恢复到抑郁状态，而给他们补充色氨酸后此症状就会消失。

抗抑郁药物和神经保护

奇怪的是，抗抑郁药的治疗效果并不能马上显现出来。确实，病人通常在服用几周药物后才能感到病情有所改善，这与服用左旋多巴几分钟后就能缓解帕金森综合征的治疗效果形成鲜明对比。服药与看到效果之间会经历漫长的时间，这很难符合疾病的简单模型。如果低水平的 5– 羟色胺可以导致抑郁症，那么当服用药物后使得 5– 羟色胺水平提高，抑郁症立刻就可以得到缓解，但事实并非如此。

最近的一项研究是通过观察神经元内的生物化学变化，来解释发生上述时间差是由于长期而不是短期服用抗抑郁药物而导致的。不考虑药物的具体特性，所有患者在服用抗抑郁药物几周后，最终似乎都会提高在特定大脑结构中的神经保护物质水平，这种神经保护物质称为脑源性神经营养因子（BDNF，见第11章），这些特定的大脑结构包括部分皮层和海马体。这意味着，抗抑郁药物通过保护神经元发挥治疗作用。反过来说，抑郁可能与某些神经结构损伤有关，导致抑郁症患者神经元损伤的可能因素是皮质醇。抑郁症患者的皮质醇水平都会升高，而我们都知道，皮质醇会毒害神经。

治疗抑郁症的其他方法

如果抗抑郁药物的作用机理是通过提高神经保护分子——脑源性神经营养因子的水平来治疗疾病，然后再通过其他过程减轻抑郁症状，这可以解释电休克疗法（ECT）的治疗机理。电休克疗法被用于治疗严重抑郁症，人们通过电击麻痹患者，使患者产生痉挛（癫痫）。重复这一奇异的疗法已证明能提高神经保护分子——脑源性神经营养因子的水平。

对老鼠进行的实验研究也表明，运动可以提高脑源性神经营养因子的水平。人们可以通过让患者做些剧烈运动来初步尝试治疗抑郁症和一些困扰老年人的认知疾病，包括让他们接触一些如攀岩等极限运动。

抑郁和自杀

重度抑郁症和酗酒是与自杀风险有着最密切联系的心理疾病，其他与自杀相关的疾病还包括慢性疼痛、脑损伤、药物滥用、人格障碍和精神分裂症。

全世界的自杀率十分令人震惊，每年有超过100万人死于自杀。死于自杀的人数大约是死于谋杀人数的两倍，而且在某些年甚至比战争造成的死亡人数还多。除了这个庞大的自杀人数，每年还有超过这个数量10~20

倍的人自杀未遂。无论是成功的还是失败的自杀行为，都具有所谓的姿态性自杀因素。姿态性自杀是指患者采用非致命性的伤害行为，例如患者故意自残或者服用非致命剂量的药物，但并不打算杀死自己。姿态性自杀与自残不同，前者的动机是提醒别人注意自己的情绪状态，而后者是为了引发或缓解自己的情绪。尽管年轻女性的姿态性自杀现象比较普遍，但男性的自杀率高于女性。姿态性自杀患者的终生患病率高达 5%。与姿态性自杀患者们的意图相矛盾且不幸的是，他们最后由于失误而死亡的事件非常常见。

几年前，英国广播公司播出的一集《东伦敦人》节目中，表现了其中一个主角自杀未遂的情节，有两个少女在看了这个节目后自杀。英国广播公司（BBC）由于播出了这个节目而受到强烈的批评，因为这个节目可能直接导致两名少女的死亡。然而，事实正好相反。在英国，通常每天晚上有 16 人自杀。数据显示，这个国家半数以上的人都在收看这个节目。因此，这个节目也许挽救了 6 条生命。

我们对于大脑的特定变化与自杀之间的联系知道得很少。对自杀受害者死后大脑的研究表明，他们脑中某种 5– 羟色胺亚型的受体水平可能不正常。这些研究难以进行，主要是因为人们很难获得适合作分析的大脑样品。因为许多自杀的方式将直接改变大脑的生化或物理组成，这会掩盖导致自杀的神经生物学因素。而且，人们也很难确定死者是由于自杀还是失败的姿态性自杀而导致死亡。此外，人们还需要获得可对比的大脑组织，也就是说，人们需要获得不是由于自杀而死亡的死者大脑作为控制对照组。

一位以前的同事告诉过我，她曾经在做自杀的研究时接触过一些控制组的大脑组织。这个大脑组织的记录显示，它来自一个因为使用电动割草机而意外触电死亡的人。记录上说，这个可怜的人在使用割草机时弄坏了电缆，电缆虽然受到了损害，但割草机的电源并没有被完全切断，然后受害者就开始用剪刀切断电缆来尝试修复它。唉，她并没有事先关闭电源，结果电击使她丧了命。这个案例引起了实验室的人们将其归入控制组、自杀组还是姿态性自杀组的争论。

橙色呕吐物

一件不太可怕的过量服药事件让我的一个同事晚了几个小时才到达实验室。他当时正在事故急诊室工作，一位母亲和一个年轻的女孩带着一个空药瓶过来，这个孩子已经把瓶内所有的药都吞了，但这位焦急的母亲却不知道瓶子里装的是什么药。之后女孩吐出一些亮橙色的呕吐物，让母亲感到欣慰的是，这只是半消化的维生素药片。在场的所有人都大大地松了一口气，而有人想到，对于一个孩子来说，高浓度的橙色色素染料可能有毒。我的同事经过几个小时的头痛折磨，确定孩子只要喝几升水就会没事，然后他才得以离开那里回到实验室。

周六晚上，周日早上

对抑郁症进行的治疗可能会失败，而且失败的治疗可能会导致患者自杀。这里有一个关于我的妻子病人的案例，尽管最后它有个很奇怪但很快乐的结局。周六晚上，我的妻子通过电话得知病人自杀未遂。这个病人已经觉得自己再也不能应对生活了，所以从铁路桥上跳了下来。他头着地摔落，但却活了下来。毋庸置疑，他的头骨被摔碎，脑前部也遭到破坏。他的手术从星期六晚上一直持续到星期天早上。医生从他的大脑中取出骨骼碎片，然后试图拼凑他的头骨，但包括前额叶皮层的脑前部都已经无法修复，这个部分遭到破坏会改变病人的性格。事实上，病人给自己做了一个非常粗糙的心理外科手术，这让他从高度抑郁的状态变得非常开心和愉悦，但手术的缺点是脸部的损伤导致他失明了。

一个半世纪之前，人们就已经知道额叶皮质受损和性格变化的关系。几乎每一个心理学学生都被告知，这些知识归功于一个名为菲尼亚斯·盖奇（Phineas Gage）的铁路工程师。1848 年，盖奇和他的同事们在新英格兰佛蒙特州铺设铁轨，这个工程需要使用炸药炸毁阻碍铁轨路线的岩石。这个过程需要在岩石间钻一个洞，添加炸药，用沙子把炸药埋起来，然后用铁棒压实，之后等所有人撤到安全距离，点燃炸药。据说盖奇很擅长这个工作，他是一个值得信赖的和工作认真的工人。非常悲惨的是，有人忘了用沙子埋炸药。盖奇的铁棍刚一接触炸药就直接被炸倒了，铁棍从他的眼睛下面穿进他的脑袋，从脑顶穿出。令所有人吃惊的是，盖奇幸免于难。事实上，事故之后，他的病情相对较轻，他可以说话并且不需要帮助就可以独自走回他的住所。然而，他的性格变化很大，这个“新的盖奇”性格冲动，且做事缺乏远见和计划性。

前额叶皮层及其执行功能

人类的前额叶皮层面积特别大。前额叶皮层被认为是进化顶峰的代表，用于处理最高级的认知。前额叶皮层可以细分为几个功能独立的区域。其中眶额皮质就在眼睛的骨眶（或眼眶）上面一点，这个区域对于社会环境中的情绪表达和决策起到重要作用，破坏这个区域可导致人的性格发生改变，以及产生不适当的社会行为。前额叶皮层背侧和外侧部分则用于理解更抽象的认知和记忆，据说脑的这些区域可以发挥“执行功能”，包括做计划和推理。

前额叶皮层是脑最后发育的部分，只有在人们 20 多岁的时候才能发育完全。讽刺的是，前额叶皮层影响到的智力也是最容易被消耗的，前额叶皮层大量损失可能会导致人们轻微的行为变化，但只有通过仔细的测试才能检测到其细微变化。与之形成鲜明对比的是脑干深处区域损伤而造成的行为变化，那些攸关生存的原始系统都位于此处，例如呼吸系统，它们中的任何一处受到损害都会变成灾难。

精神外科手术和前额叶切除术

人们意识到额叶皮质受损可以导致人格和行为的变化后，就开始采用前额叶切除术来治疗某些精神疾病。精神外科学的起源可追溯到远古时代（即通过神经外科手术治疗精神疾病）的环钻术。这种方法是在人的额头上钻出一个洞，当时的人认为这样可以释放出恶灵。现代精神外科学起源于 20 世纪 30 年代，埃加斯·莫尼兹（Egas Moniz）通过手术破坏病人的前额叶皮层的部分组织。这个手术后来演变成前额叶切除术。最经典的手术来自两个美国医生——弗里曼（Freeman）和沃茨（Watts），他们发明了被称为冰锥疗法的白质切除术。他们使用一种看起来像在鸡尾酒吧用于弄碎冰块的装置，在病人头骨眼睛位置上方敲了一个小洞，使装置进入前额叶皮层，通过上下摇动仪器这种非特异性的方式伤害前额叶皮层。

在美国和欧洲，人们已经实施了数千例前额叶切除术。毫无疑问，这个手术在很多病人身上都产生了影响，然而这个影响是否令人满意则是另外一回事。由于缺乏选择病人的标准化准则、控制大脑组织伤害的位置和程度以及后续的跟踪治疗，人们很难在临床上评估这个手术的有效性。随着现代治疗精神疾病药物（包括治疗精神分裂症的精神安定剂和 SSRIs 类药物）的发展，使得精神外科手术在很大程度上变得多余。但是，在患者面临严重风险，而其他手段都失败时，人们仍会采取精神外科手术，手术将会仔细精准地破坏额叶里面和外面的轴突。和以前的破坏性手术相比，这种手术更加精确且在某种程度上可逆——脑深部电刺激技术的发展，使得人们重新评估使用外科技术治疗严重精神疾病的方法。

三叉神经痛和自杀

最后需要注意的是，三叉神经痛也可能导致患者自杀，这在某些领域也被称为自杀性疾病。三叉神经痛是神经病学方面的疾病，病人会感觉到剧烈的面部疼痛。一般来说，疼痛信号通常是由于受伤产生的，它促使人们采取避免伤害更多组织的措施。但是对于三神经痛患者，疼痛并不是由于受伤产生的。

“三叉”一词指的是接受从脸部到大脑的疼痛和触觉信息的神经。所有的信息通过 31 对脊神经和 12 对颅神经进入或离开脑和脊髓（见下面专栏中的内容）。每一对脊髓神经在离开或进入脊柱时，都与两个相邻的椎骨之间的间隙有关。颅神经与脑相连，其中两条连接到脑，而其他的连接到脑干（见图 4—1）。第二对是视神经，它将视觉信息从视网膜传到脑。第五对是三叉神经，之所以被命名为三叉神经是因为它有三个分支，负责传递额头和眼睛、脸颊和上牙、下巴和下牙的神经信号。三叉神经将触感和疼痛信息从这些区域传到脑神经。三叉神经也是牙科手术时被激活的神经。

专栏

颅神经

根据图 4—1 所示的脑侧腹面图可以看到，颅神经与脑相连，其中两条神经连接到大脑，而其他的神经则连接到脑干。

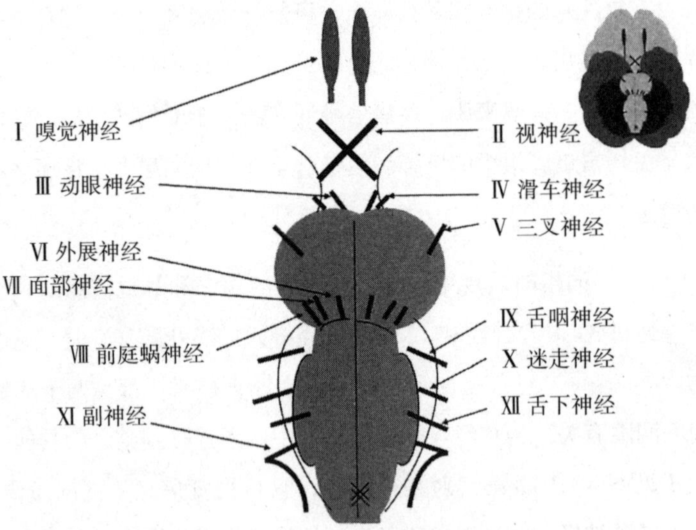

图 4—1　颅神经的位置

进入或离开大脑和脊髓的所有信息都需要经过 31 对脊神经和 12 对颅神经。图 4—1 中显示颅神经在脑底的近似位置。人们对颅神经从Ⅰ到Ⅻ进行编号，这个编号反映了其位置，如Ⅰ号神经位于前面。一些神经仅有感觉功能，一些具有运动功能，还有一些同时具有这两种功能。其中一些神经也承载自主信息（表 4—1 列出了每个颅神经和对应的主要功能的详细情况）。

表 4—1 颅神经

颅神经	类别	主要功能
I. 嗅觉神经	感觉神经	传递嗅觉信息
II. 视神经	感觉神经	传递从视网膜到视觉丘脑的视觉信息
III. 动眼神经	运动神经 / 自主神经系统	ⅰ）激活眼部肌肉 ⅱ）激活虹膜平滑肌
IV. 滑车神经	运动神经	激活眼部肌肉
V. 三叉神经	感觉神经 / 运动神经	ⅰ）传递从脸部、眼角和牙齿到大脑的触觉 / 疼痛信息 ⅱ）激活咀嚼肌肉
VI. 外展神经	运动神经	激活眼部肌肉
VII. 面部神经	感觉神经 / 运动神经 / 自主神经系统	ⅰ）激活面部表情肌肉 ⅱ）传递从舌头前部到大脑的信息 ⅲ）激活唾液和泪腺
VIII. 前庭蜗神经	感觉神经	传递从耳朵到大脑的听觉和前庭（控制平衡）信息
IX. 舌咽神经	感觉神经 / 自主神经系统	ⅰ）传递舌后的味觉信息 ⅱ）激活唾液腺
X. 迷走神经	自主神经系统 / 感觉神经 / 运动神经	ⅰ）将副交感神经的信息输入到胸腔和腹部的器官中，其中包括心脏 ⅱ）传递会厌的味觉信息 ⅲ）激活喉咽部肌肉
XI. 副神经	运动神经	激活与脑部运动相关的肌肉
XII. 舌下神经	运动神经	激活舌头的肌肉

三叉神经的疼痛由此系统自发产生，然后传送到脑中，从而产生强烈的面部疼痛。事实上，此处的疼痛被认为是可以体验到的最强烈的疼痛之

一。有些病人难以承受这种疼痛而试图自杀，因此此类疾病被称为自杀性疾病。某些情况下，这些不恰当的疼痛信号是由于脑血管距离三叉神经太近而产生的。血管压迫着神经，所以激活了神经发送疼痛信号。我们的住院神经外科医生通过在血管和三叉神经中插入小海绵来治疗此疾病，显然，在所有患此类病的人中，这些病人最感激我们的医生。

总的来说，虽然产生抑郁的原因有很多，但低落情绪显然和单胺水平有关，提高单胺水平可以减轻抑郁症状。但是，那些反对使用抗抑郁药物的人强调指出，对此类药物的使用不一定能解决问题的根源。在第 5 章，我们将专门讲解精神错乱，这是一种不影响情绪、但会控制一个人生活的疾病。

第 5 章　精神错乱、双相情感障碍与创伤后应激障碍

在本章中，我们来研究精神疾病，我们所说的精神错乱指的是个体脱离现实而陷入幻觉和妄想的一种严重的身体状态。精神错乱是精神分裂症的主要特征之一，虽然它也可以出现在分娩、服用某些药物以及创伤后应激障碍（PTSD）之后。同时，我们也可以看到脑中自然产生的一些化学物质是怎样毒害到神经元的，尤其是其涉及到记忆形成的海马结构。

请问您是哪位

我跟神经外科医生待在一起之后明白的第一件事就是，病房的电话随时都有可能响起。我的意思是在任何时间，这种情况偶尔发生一次我也可以原谅，恶作剧的年轻医生故意在病人最不方便的时候打电话。令人意外的是，当铃声响起时，医护人员一般不说他们是谁，只是经常要求与女士说话，这造成了很多不便。我们的孩子生拉硬拽着把他们的母亲从浴室叫

出来接电话，结果妈妈却发现电话来自一个保险推销员。因此，现在孩子们被训练成很自然地拿起电话问："你好，请问是哪位。"

电话交谈中通常要讨论如距离医院远的神经外科病人是否应该被收院，病人是否需要紧急手术，或者病人是否能等到第二天再做手术。从我们口中经常可以听到"我将检查他的扫描情况，再回复给你"这句话，这意味着我们可以将相关软件下载到家里电脑中的安全位置，用它来进行一系列的脑部扫描。而令人担忧的是，我们三岁的女儿就学会了这句话，并时不时地会说，她将"……检查你的扫描情况"。更令人担忧的是，这只是开始，接着她会把自己的手伸进一个透明的塑料袋中，并说："我现在要给你检查一下。"这也许是让工作进入家庭生活之后的一个意外缺点。

注射类固醇

我的女儿从没听过这句话"用类固醇给病人注射，然后明天早上来看他的情况"。类固醇是皮质类固醇，用于减少肌肉肿胀。皮质类固醇是存在于人体内的天然物质，它由肾上腺的外层释放，而肾上腺素则由器官的内在部分释放。人类中最常见的皮质类固醇是皮质醇，当人们遭受巨大压力的时候，皮质醇水平会急速上升。用于治疗神经外科患者的类固醇是合成类固醇，其中最著名的药物叫作地塞米松（见下面专栏中关于"类固醇的作用原理"的解释）。

专栏

类固醇

“类固醇”一词是指基于三个环己烷环和一个环戊烷环、具有共同化学结构的生物活性化合物。在人体中发现的最常见的类固醇包括胆固醇、性类固醇激素（如睾酮和雌激素）和皮质类固醇（如皮质醇）。类固醇通过与受体结合发挥其生物学作用。受体通常存在于细胞的细胞质中。受体一旦被固醇激活，将会迁移到细胞核与 DNA 相互作用，导致细胞的基因表达发生变化，从而合成蛋白质（见图 5—1）。细胞核本身包含类固醇激素受体，类固醇激素进入也可以将其激活。

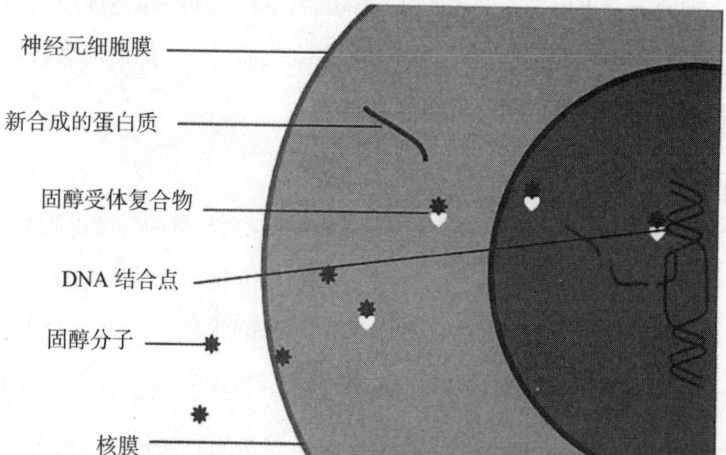

图 5—1　类固醇与其受体

地塞米松是一种作用广泛的有效药，可用作抗炎剂和免疫抑制剂（可用于治疗自身免疫疾病，如类风湿性关节炎）。此药对于治疗脑肿瘤也必不可少。

血液通过血管系统流向脑瘤，导致血流量急速增加，以匹配不断增大的肿瘤。这样，血管壁就会开始发生渗漏，导致肿瘤周围的组织迅速肿胀（这种特定类型的肿胀称为血管源性水肿）。人们体内的大多数组织发生肿胀并不会产生健康问题，如因脚踝扭伤而导致的肿胀可能会令人感到很痛苦，但不会使人有生命危险。然而，脑的肿胀情况就不同了，脑被坚硬的头骨保护，因此脑没有空间供组织肿胀。这也就意味着，如果脑发生肿胀，脑里面的物质会挤在头骨盖里面，若放任不管就会导致人的死亡。给患者注射皮质类固醇可以暂缓肿胀，在进行肿瘤切除手术前可以使病人多活一到两天，也便于人们将肿瘤从脑组织中剥离（在很多神经系统疾病中，脑肿胀是一种常见的问题，如脑卒中或头部受伤。然而，皮质类固醇不能消除这些条件下的溶胀或水肿）。

类固醇性精神病

“注射类固醇”指的是先给病人一次性注射大剂量的合成皮质类固醇，然后在接下来的疗程中每次给病人注射较小的剂量。初始注射的大剂量使得病人的肿胀消除，大脑功能立刻恢复到原来的状态。虽然该过程对于许多患者来说无疑是生命福音，但也可能会诱发精神错乱。

“精神错乱”一词是指个人与现实失去联系的心理状态，患者可能会出现幻觉和妄想（即相信一些明显是假的事）。重度精神错乱是精神分裂症的典型特征之一。精神健康发生其他状况也会产生精神错乱，如双相情感障碍（即以前熟知的躁狂抑郁症）、创伤后应激障碍以及失眠和分娩。一些药物也可以导致精神错乱，例如大麻、迷幻剂、安非他明以及基于药物治疗帕金森病的多巴胺和皮质类固醇。

一位全科医生于 1999 年发表的关于固醇可导致精神错乱的文章，让大家觉得很震惊。既是医生又是病人的身份，使得他对于此疾病具有独到的见解。他饱受罕见的自身免疫肾脏疾病的困扰，需要每天服用大量的合成皮质类固醇来治疗免疫疾病，以防止自身抗体攻击肾脏。一开始，药物使他变得兴奋而且话多。之后，他又服用大剂量的皮质类固醇，使精神大受影响，从而不能分清现实和幻觉。他一直认为他的电动剃须刀是电话，并使用剃须刀和他的儿子聊了很久。他自己觉得这些都很合理，而他痛苦的家人也不能说服他不这样做。而等他减小服用的药物剂量后，这种精神错乱的症状消失了。然而，并不是所有服用固醇类药物导致精神错乱的病人都有很好的结局。2012 年，法国一位年事已高的白血病病人因为服用固醇类药物导致了精神错乱，并且杀死了自己的妻子。

双相情感障碍

许多服用固醇类药物而导致精神错乱的患者都会有些亢奋的精神状态，双相情感障碍患者也同样具有亢奋和精神紊乱的症状。双相情感障碍患者最明显的特点是情绪波动大，他们可以从非常抑郁的精神状态转变为极其亢奋或者狂躁的状态，有 1% 的患者终生患有此病，而且此疾病的遗传性很强。

患者处于狂躁状态时，往往精力高度充沛，并且办事非常有效率。但是随着狂躁的程度加深，情绪和行为的不稳定以及冲动盖过了这些优点，患者的判断能力会受到影响，他们会制订不负责任的计划。如果狂躁状态继续加深，就会引发患者的精神错乱。

治疗双相情感障碍的药物可以稳定患者情绪，最常见的药物是碳酸锂。此药物对于预防狂躁非常有效，然而对于治疗抑郁症却效果甚微。

产后精神错乱

产后精神错乱是另一种固醇类药物导致的、与双相情感障碍有关联的精神症状，此病是指分娩后产生的精神错乱。它的易感性似乎可以遗传，因为其患病基因与导致双相情感障碍的基因有关。

分娩之后，有 85% 的女性患有情绪障碍。绝大多数女性的症状是轻度和短暂的。然而，仍有 10%~15% 的女性患有显著的抑郁或焦虑，其中，有大约 1% 的女性会发展成产后精神错乱。

产后的女性一般在分娩后两周内突然发生躁狂症状。最初，这种症状表现为女性生产后情绪波动特别大，之后很快发展为出现幻觉。她们极度亢奋，反应过度，并伴随反常、躁动不安和出现幻觉的症状。而在抑郁的阶段，患者表现出严重的情绪低落，并伴随幻听。

虽然固醇类导致的精神病、双相情感障碍和产后精神错乱都与基因遗传问题有关，然而究竟是什么基因导致这些疾病仍然未知，最有可能导致这些疾病的是皮质类固醇、多巴胺和 5– 羟色胺。产后精神错乱可能是由除了肾上腺皮质之外、胎盘暂时释放的皮质类固醇而导致的，皮质类固醇会与分娩后迅速降低的雌激素相互作用。稍后我们将会讨论雌激素对神经有保护作用。

创伤后应激障碍

另一种与异常释放皮质醇和精神错乱相关的疾病是创伤后应激障碍（PTSD）。这是一种在经历了巨大压力之后产生的严重焦虑障碍，病人会在遭遇到身体侵犯或性侵，又或者是目睹了可怕的事故之后，仍然认为自己处于极度的危险中。病人会处于长期亢奋的状态，总是一直提防之前的创伤刺激。患者的典型症状为睡眠较差，而且易怒和抑郁。辨别此疾病的特征是患者对创伤性事件的不断闪回，部分精神错乱发作的病人对创伤性事件的闪回有时使其难以区分现实和幻想。此疾病的易感人群包括需要经常面对灾难的紧急救援服务者和面临恐惧以及经常参与战斗的军人。

创伤后应激障碍与战争

19 世纪 60 年代美国南北战争期间，人们开始意识到激烈的战争会引发士兵严重的心理问题。众所周知，一些士兵很难从战争的压力中恢复过来，他们会感到精疲力竭。在某些情况下，他们被视为“战场思念者”。对于他们来说，最好可以尽快回到前线来分散他们的注意力。在第一次世界大战期间，“炮弹休克”被用在战壕中经历过战争恐怖的士兵身上，因为他们很可能患有创伤后应激障碍。不幸的是，尽管我们知道此病的存在以及它让人有多无力，但我们却难以治愈此疾病。一个让人难以释怀的统计表明，参与过马岛战争后死于创伤后应激障碍的英国士兵，其自杀人数比当时在战役中战死的人数还要多。

创伤后应激障碍、记忆和海马体

人们已广泛研究了越南战争中退伍军人的创伤后应激障碍与战争之间的关系，而现代脑成像技术的发展和对生化分析的应用，使我们揭开此疾病背后的复杂因素成为可能。

我们认为，人如果一直处在战争的压力和其他严重的压力源下，都将导致皮质醇、肾上腺素和去甲肾上腺素的突然释放。当压力刺激消失时，皮质醇水平会降低，但是肾上腺素和去甲肾上腺素水平将会长时间持续升高。有些研究人员认为，正是由于这种生化组合的变化导致了创伤后应激障碍。其他研究人员则强调，压力诱导 5– 羟色胺水平发生变化，导致病人产生焦虑、焦躁不安和易怒的症状，这些症状都可以在对创伤后应激障碍的研究中看到，而多巴胺则是造成此病症的化学基础。

对越南战争退伍军人的脑成像研究表明，在创伤后应激障碍中有一个很重要的脑结构，它被称之为海马体。海马体是一个反复折叠的组织，位于大脑皮层表面的颞叶部分（见第 1 章图 1—6）。之所以将其命名为海马体，是因为它的形状类似海马，虽然我从来都没看出两者之间的相似之处。海马体对记忆的形成起到至关重要的作用，它能将新异的信息储存到短时记忆中，之后这些信息会进入到长时记忆里，储存在大脑皮层中。同时，海马体也在环境导航需要用到的、关于地点的记忆中起到重要作用。

关于海马体在空间记忆形成中的作用，人们已经在实验室的啮齿动物身上展开了广泛的研究，实验包括观察老鼠如何通过迷宫找到奖励的食物。还有关于这种主题的变式，如研究它们在所谓的水迷宫中的行动。人们将老鼠放在大水槽中，观察它们如何游向一个安全的隐藏在水中的平台，并记录老鼠每次记住平台位置的能力。研究人员最开始花了很长时间才设计出来这个实验，他们想出让老鼠在无毒的液体中可以安全地游泳，而这个液体又不能太透明以便让那个水中的平台得以隐藏。他们灵机一动，想到用奶粉冲的牛奶做液体。不幸的是，水槽体积太大，人们不可能定期清空和填上新的牛奶。这意味着一周后，水槽里就会有一份含有老鼠排泄物的腐坏牛奶。数月后，有人发现可以使用水和透明的有机玻璃平台，因为老鼠的视力不足以看到有机玻璃平台。研究者们对这种办法大为欢迎，因为他们终于可以从令人作呕的“排泄”牛奶中解放出来了。

海马体很擅长重构自身，从而形成新的记忆。然而，这种可塑性是有代价的。海马体也是大脑中最脆弱的部分，如在缺氧、缺少血糖和癫痫发作之类的情况下都很容易受到伤害。它尤其容易受到皮质类固醇的毒性伤害。

皮质类固醇和神经中毒性

对参加过越南战争的退伍军人的创伤后应激障碍脑成像研究表明，他们的海马体体积比没有患此病的退伍兵的海马体体积小了近 20%，这些结构性变化伴随着他们的短期记忆变差。有人提出，海马体结构的变化是造成创伤后应激障碍患者不断经历闪回的原因。海马体似乎负责将记忆储存在大脑皮层正确的时间和空间位置，破坏这个过程就会使得抑制不好回忆的能力受到干扰。

似乎第二个结构，也就是杏仁核，也与创伤后应激障碍有着重要联系。杏仁核位于颞叶上，就在海马体的前面。杏仁核在处理与情绪有关的信息（尤其是恐惧情绪）中起到关键作用，而且它也与厌恶事件的记忆形成有关。创伤后应激障碍患者由于树突和神经末梢突起的数量增加，杏仁核会变大，而海马体会萎缩。创伤后应激障碍患者连接杏仁核、前额叶皮层和部分海马体的神经环路过度活跃，导致他们高度警觉，以及无法停止对于创伤事件有关刺激的不断反应。

几年前，我发生了一次严重的食物中毒，导致我一个星期都无法吃饭，体重急剧下降。皮质类固醇的功能之一就是通过分解脂肪维持血糖水平。当脂肪耗尽后，皮质类固醇会转而分解蛋白质。因此，患病期间，我的皮质类固醇水平肯定非常高，连续几天的饥饿状态严重影响了我的短期记忆。我可能刚打完电话，放下话筒后就不知道刚才说了什么，对此最合理的解释是高水平的皮质醇使我的海马体受损。幸运的是，海马体具有自我修复的功能，这个我稍后会说。

精神错乱和精神分裂症

精神错乱往往与精神分裂症有关。精神分裂症（希腊语称为“分裂的精神”）是一种严重的精神疾病，患此病的人明显思维混乱，情感反应迟钝。其发病率大约为1%，患者最常见的症状之一是出现幻觉，他们总是听到不存在的声音。患者也可能出现错觉，包括夸大妄想和迫害的幻觉，伴随着极度焦虑和恐惧，从而产生妄想。

如前所述，帕金森病与多巴胺的缺乏有关。相比之下，精神分裂症与多巴胺的活动有着更大的关联。同样，用于治疗帕金森病的药物有时会导致患者出现幻觉。相反，通过阻断大剂量多巴胺的传输来减轻精神错乱的药物治疗，可以导致精神分裂症患者出现帕金森病的症状。关于这点，我曾经在瑞典的一家精神病院观察精神病人玩足球游戏，并且做了一些实验。我相信这是治疗的一部分，尽管可能由于药物作用，每个人在球场上都行动缓慢，但只要加入这场比赛，比赛都会非常精彩。即使是“过了鼎盛时期”的前球员参与这个比赛，也会觉得自己看起来像梅西（假设他们都是精神病）一样。

我第一次真正接触精神分裂症是在教学过程中，而不是在研究中。作为一个博士生，我的一个学生在我的一次授课过程中突然喊道：“注意冰山。”这表明他当时精神错乱，而且他坚信自己正在北极划独木舟。我第二次与精神分裂症的接触是在几年后，当时我正在做精神病院门诊病人的研究。在早晨的某个时刻，应急按钮突然响起来，我从实验室冲到大堂，看到一个病人从大堂进入房间后立即拿起某种武器来威胁员工。一大群人非常显眼地在房间门附近围观，人群组成了一个半圆，他们在等待事情的进一步发生。我当时的反应是，他拿着一把枪可能在水泥柱子后面瞄准我，我不知该怎么逃走。最后，有人叫来了全副武装的警察，警察勇敢地进入房间，收走了这个可怜病人的武器。

多巴胺和精神分裂症

通过观察影响多巴胺传输的药物如何影响精神错乱，人们可以获得对多巴胺和精神分裂症之间关系的认识。有两种药物具有特别显著的作用——可卡因和安非他命，它们具有强烈的刺激效果，会使人产生兴奋感。然而，长期（反复）服药可导致人精神错乱。精神错乱与精神分裂病人体会到的感觉有很多相似之处。然而，它们之间有一个重要区别：精神分裂症的幻听症状通常包括听到人们听不到的声音；而由可卡因和安非他命导致的精神错乱则会使人出现幻觉，也就是说，人们会看到实际上不存在的事物。

可卡因和安非他命促进多巴胺释放到纹状体中，其中包括与奖赏有重要关系的伏核（见第 2 章），这也解释了为什么患者那么快乐。这些药物也通过阻断多巴胺转运蛋白分子从而提高多巴胺在突触的水平，其作用方式与使用 SSRIs 类药物提高 5– 羟色胺（5-HT）水平的机理类似。我们要谨记，像许多药物一样，安非他命和可卡不仅仅影响一种神经递质系统，除了干扰多巴胺，它们还会干扰降肾上腺素，也会轻微地干扰 5-羟色胺。因此，滥用可卡因和安非他命造成的结果，会影响到这三个神经递质系统。

就像提高多巴胺水平的药物会导致精神错乱一样，阻断多巴胺传输的药物可以抑制精神错乱。这个发现促进了一种名为精神安定剂或抗精神病药物的发展，它可以被用于治疗精神分裂症。尽管这些药物在某些方面有副作用，但大多数治疗心理障碍病人的工作人员认可此类药物的临床实用性。也可以说，这些药物的广泛应用，可以使维多利亚式的精神病院关门。

这些观察结果，导致了20世纪70年代关于精神分裂症的多巴胺假说的形成。那就是，在精神分裂症中占主要成分的精神错乱是由过量的多巴胺引起的。

毫不奇怪，多年服用基于多巴胺的药物来治疗患帕金森病的病人，最终都可能会导致精神错乱。然而，帕金森病病人所体验的精神错乱，与有精神分裂症的病人体验到的不一样。帕金森病病人服用基于多巴胺的药物如安非他明和可卡因会引起幻视，这与精神分裂患者所产生的幻听不同。

帕金森病病人所患的精神错乱会遵循一套相当固定的模式。最初，病人或准确地说是病人的伙伴会抱怨睡得不安稳，因为梦里的场景被演绎得非常生动。病人接着就是产生轻微的幻视。一个典型的例子就是，当病人看到地板上丢着一只袜子时，他会认为那是一只猫或是其他什么。而当患者受到质疑的时候，他就会立刻认识到错误。过段时间，患者的这一症状就发展为能看到本来并不存在的东西。他们能看到一个人，而且这个虚构出来的人通常都表现得很友好。

而到最后阶段，虚构出来的这个人会变得极其不友好，患者就会感到害怕。当这种感觉慢慢累积，患者就会认为有人试图杀害自己，还会害怕得穿着睡衣藏在屋顶上。

抗精神病药的副作用和瑞典脑

大约有三分之一的精神分裂症患者会因为多年服用抗精神病药，出现行动异常或有运动障碍的症状。由于患者的行动异常只出现在治疗过程后期，所以被称为迟发性运动障碍（拉丁语意为“迟到”）。运动障碍主要影响的是患者的嘴和舌头，特点为重复的、不自主的、无目的的动作。患者表现为表情痛苦、伸出舌头和咂嘴唇。最近开发的抗精神病药——非典型抗精神病药由于会与特定的亚型多巴胺受体结合，不会诱发这些问题。

多年前，我参加了一个研究迟发性运动障碍诱因的项目。有人怀疑，一些最早开发的抗精神病药可能会轻度地毒害神经。因此可以想象，出现在迟发性运动障碍中的动作异常是由于抗精神病药损伤基底节神经元而引起的。我们在已服用抗精神病药的患者身上发现了脑因此受到损害的证据，这些脑样本来自瑞典的一家精神病研究机构，我所要做的就是将这些样本带回我们的实验室以完成研究。

然而，在脑样本的运输过程中有两个难题：首先，这些脑样本都被冷冻且必须在 -70℃的固体二氧化碳中保存，这就意味着不能像带普通行李一样把它们带上飞机，但又不得不通过飞机把它们带回来；其次，这些样本被注入了一种放射性示踪剂，所以其含有轻微的放射性。我所说的其含轻微放射性是指，有人本可以把这些脑样本都吃了，而不会存在什么法律问题。

因此在飞机起飞前，我们必须在脑样本包装上贴一组特定标签。奇怪的是，即使在英国有些人知道正确的流程是什么样的，也没人知道官方的标签是什么样的。这就涉及到原子能机构、英国机场管理局、国际原子能机构和航空公司的工作。最终，我们的瑞典合作者在盒子里放入标准的放射性警告标签，并在盒子外面贴上了紧急医疗用品标签，通过航空货运运送它们。

除了这些包裹消失在斯德哥尔摩和哥本哈根之间的某处外，一切都很正常。航空公司宣称包裹在出了丹麦转运时可能上错了飞机，它可能“在欧洲或者世界上的其他地方，先生”。对此我们产生了一些分歧。首先，如果不尽快找到该包裹，当其中的制冷剂耗完时，大脑样本就会因融化而损坏；其次，这些包裹可能已经被贴上错误的标签而被非法运输（虽然样本是安全的）。一个朋友安慰我，让我别担心，他曾在一家大型航空工程公司工作，这家大型航空公司经常在世界各地运送喷气式发动机上损坏的叶片。这些叶片具有放射性，所以其碎片中的金属可以被用来研究。显然，他的同事会经常无视那些关于飞行中禁止携带放射性物质的规章制度。如果被发现，该航空公司光是接受罚款就有几万英镑，而且还得道歉。那些罚款对一个国际航空公司来说可能是微不足道的，但却是我们几年的医学研究开支。

所幸这些事并没有发生。当飞机降落在英国，一个热心的机场工人看到包裹上的紧急医疗用品标签后，立即把它们放在了一个冰箱里。哎，但是他忘记告诉他的同事了，所以让我们过了很久才找到。等我们找到脑样本包裹的时候，里面的脑样本已经快要融化了。道德似乎指的就是一个人必须把标签贴对。

好事过头反成坏事，过少的多巴胺会导致人无法运动，而过多的多巴胺会导致人精神错乱。同样，一个人需要皮质醇来应付压力，但是过多的皮质醇会导致神经元的死亡，尤其会导致海马结构中神经元的死亡。接下来我们将注意力转移到对酒精的研究上，酒精中毒也会导致人精神错乱。我们将不再专注多巴胺，而是专注于一种叫作 γ－氨基丁酸的神经递质以及它在焦虑中起到的作用。

第6章　酒精、恐惧与焦虑

在这一章中，我们将探讨酒精对大脑的影响。与尼古丁和咖啡因一样，酒精是在世界范围内被使用最多的药物之一。正如我们所看到的，酒精对人们脑功能的作用以及随后行为的作用，大多数取决于人们怎么使用它们。使酒精发挥特殊作用的两个脑区是小脑和前额皮层，这就解释了酒精对运动控制和社会行为的作用。根据药理学的观点，酒精会作用于神经递质 γ－氨基丁酸（GABA）的相关受体。促进 γ－氨基丁酸的释放，可以缓解焦虑，这就是酒精和一些臭名昭著的苯二氮平类药物有抗焦虑作用的主要原因，也导致了人们在 1960 年到 1970 年因过量使用这些药物而对其造成的伤害。

酗酒的定义

几年前，对于酗酒的定义是一个人的酒量不能超过医生。根据这个定义，几乎所有的神经外科病人都是酗酒者，一个神经外科医生并不适合使自己处于一个放荡的、豪饮刺激的社交生活中。我的妻子在手术的前一天晚上以及值班的时候都不会喝酒，她在一个被认为数一数二的医院里工作了很多年。也就是说，除了正常的工作日外，她在正常工作日中每隔一晚以及每隔一个周末都要上班，这就意味着她只有在每隔一周的周五和周六的晚上可以喝上半瓶酒。

我们会看到，与酒精有关的所有事都是矛盾的。喝少量的酒可能会对健康有益，但它同时也可能是毒药。我们喝酒，是因为它可以使我们变得善于社交，但它也经常让我们伴随一些反社会行为。它可以降低焦虑，但也会使人烦恼更多。我曾经参加过一个研讨会，在那里，酒精成瘾被人当成一个科学话题而对其进行激烈的讨论，而原因仅仅是会议的地址被迁移到了酒吧，这些讨论者们想庆祝一下。我记得为数不多的事情之一是他们提到了很多医生，包括我的妻子都认为，如果没有酒精的发明，他们都将会失业。

酒精的急性效应

当我们思考酒精对脑的影响时，先在急性效应之间加以区分是非常有必要的，即当我们喝完酒后的那段时间，我们的大脑会发生什么变化，以及长期喝酒的人因累积效应而可能产生的一些并发症。在某种程度上，理解酒精的急性效应是比较简单的。

饮用适量的酒通常会引起一种幸福、放松和轻微欣快感，同时也会使我们体验到更多的快乐和更少的焦虑。然而，这种效应依赖我们所喝的剂量。饮用大量的酒可能会影响我们的判断、协调性，最终会影响我们的呼吸。这些表面上看起来截然不同的效应，在很大程度上都是由共同的药理学机制所调节的，那就是酒精增强了一种叫作 γ－氨基丁酸神经递质的作用。γ－氨基丁酸是一种脑内非常常见的抑制性递质。更具体地说，酒精就是通过增强 γ－氨基丁酸 A 受体的作用来影响脑功能的。

γ－氨基丁酸 A 受体存在于整个脑内，但它的浓度在脑内的不同区域是不同的，它在前额皮层和小脑内的浓度特别高，这部分解释了为什么少量饮酒会对我们的判断、社交行为以及控制运动产生影响。大量饮酒会导致人呕吐。然而，酒精同时也会妨碍人们避免吸入呕吐物的能力，这个后果是致命的。酒精会影响位于脑干深部神经元的 γ－氨基丁酸 A 受体，一些被激活的神经元会降低位于脊髓的中央呼吸系统活性，最终，会导致人们无法呼吸，这种情况会在酒精引起人们说话不清以及呕吐量是饮用酒量大约两倍的条件下发生。因此，在有效的剂量之间，即酒精引起人们想要的情绪和行为变化的剂量与致死的剂量之间，相对来说没有多大差异。这就是为什么酒精被认为是如此危险的药物，且危险程度远远高于其他禁用药物的部分原因所在。

酒精与小脑

小脑是脑内主要帮助控制运动的脑区（曾经有一段时间，人们认为小脑的唯一作用就是控制运动。但是，现在人们意识到，它也在一些认知过程中起作用）。小脑，字面上的意思是小型的脑，它覆盖在脑干的后面，是藏在大脑半球后面的部分。一方面，它是脑内非常原始的一种结构，即使在动物身上也是进化非常早的一部分；另一方面，它在哺乳动物身上也经历了巨大的发展，尤其是在人类身上。这意味着，人类小脑的内部成分处理着相当简单、原始的运动控制问题，例如平衡。相反，小脑中发育比较晚的外部成分（或者侧面的部分）需要处理复杂的和高度技巧的运动。饮酒过量的人平衡能力遭到破坏，这反映了酒精对前者的作用。

人们能够看到的有关酒精的悖论之一与震颤有关。震颤的一个常见类型叫作原发性震颤，这是一个渐进的、遗传的神经性障碍，常常会影响病人胳膊和手的自发性活动，比如吃饭或者写字（这与帕金森病是不一样的，帕金森病患者的震颤发生在休息时）。原发性震颤通常是轻微的，但在严重时，会使病人生活不能自理。震颤是由于小脑受损，尤其是小脑内一种叫作普肯野细胞（Purkinje cells）的神经元受到损伤，长期滥用酒精的人也会产生相似的损伤。讽刺的是，饮酒在短期内可以减轻这种原发性震颤。相应的，一些病人不遵医嘱，使用酒精来进行自我治疗，而导致产生一些与慢性酒精滥用相关的健康问题。

一个使用酒精来进行自我治疗的非常著名的例子，来自著名的斯诺克台球专业选手比尔·温本纽克（Bill Werbeniuk）。温本纽克是一个具有传奇色彩的加拿大人，他患的原发性震颤疾病严重影响了他的专业能力。他通过每天喝 30 品脱[①]的酒，包括在比赛前也要饮用 6 品脱的酒，而在比赛中会饮用更多的酒来解决这个问题。毫不奇怪的是，过量饮酒并不利于他控制腰围，他曾经在一次世界锦标赛上，因为喝酒导致行动不稳，膨胀的腰围使得他的裤子裂开。温本纽克被一些试图根据他的购酒量进行征税的地方所关注，理由是对其征税是合法的业务支出。

另一个基于酒精的药物叫心得安，这种药物作为一种 β 受体阻断剂而为人所知，因为它阻断了位于 β 去甲肾上腺素受体上的去甲肾上腺素的活性，而常被描述为是用来降血压的药。不幸的是，对于温本纽克来说，心安得被国际奥林匹克委员会认定为是一种兴奋剂，禁止选手在斯诺

① 1 品脱 =568.26 毫升。——译者注

克运动中使用。令人悲伤的是，温本纽克在相当年轻的时候就死于心力衰竭，可能就是因为他常年饮酒的习惯。

酒精、攻击与欢乐

尽管，我们许多人会适度饮酒，这使我们更加善于交际，但也不能否认过度饮酒和反社会行为之间的关系。流行病学的研究结果表明，在所有的攻击行为中，醉酒这一因素占的比例已经上升到 40%，并且实验室的研究结果表明，酒精能够导致人逐渐上升的攻击性反应，甚至导致未成年人中的挑衅行为。

一般认为，酒精对社会行为的作用，反映了其扰乱前额皮层的功能。前额皮层需要发挥收集信息这一高水平的认知能力，这一认知能力被称为执行功能，其中包括计划、组织和自我控制以及对有关社会行为和更加抽象的认知功能的抑制，而所有这些都被酒精所拖累。

证明酒精对前额叶功能的影响相当容易。这里有一个非常简单的前额叶功能测试，叫作 FAS 词语流畅性测试。你所要做的就是，要求病人在 60 秒内尽可能多的说出他们能想到的单词，首先是以 F 开头的单词，然后是 A，之后是 S。这个测试对饮酒者的影响非常大。病人在清醒时，只要多喝 2 品脱的酒，就会明显造成其测试成绩下降 20% 左右，并且他们会经常说出重复的单词。一个来自醉酒者的典型反应可能是：“Fish，… fingers … fish … fish fingers … f***，我想不到更多的了！”

当人们需要克服对一些事根深蒂固的反应倾向时，也需要前额皮层的功能起作用，而这个抑制过程会被酒精所破坏，人们用一个叫颜色 stroop 测试的任务就能很简单地证明这一点。实验者先给被试呈现一列有关颜色的词（红、蓝等），这些词用墨水印成不同颜色，有的词的颜色和意义是匹配的，而有的词的颜色和意义是有冲突的。当词语的意思和颜色不一样时，被试在进行判断时就会感到非常困难，他们通常的反应倾向是回答词的意思，而不是词的颜色。饮酒会使得被试在读出这些列表词时的反应时长显著增加。

抑制的失败可能意味着人们需要抑制的行为缺失，或是某些根深蒂固的反应被引发。酒精和暴力行为的关系可能意味着，在控制攻击性行为的脑区——杏仁核和脑干中的一些原始部分被不适当的激活。因此，当人们喝醉的时候，可能没有足够的前额叶功能来抑制对侮辱或灾祸作出暴力反应的倾向。

酒精和攻击性、暴力行为的关系是复杂的，并且到现在为止也没有被人们完全弄清。一些社会心理学家的研究结果强调，我们持有某些态度的方式会形成意图。根据这些观点，我和我的同事对那些在酒后更有可能有暴力行为的年轻人进行测试，让人有些意外的是，结果并不是所预想的那样，在酒吧喝酒的人其暴力态度反而降低了。此外，我们的被试在喝完酒后会表现出更快乐的现象，或许将这个结果放到上下文中理解就不会觉得奇怪了。对大多数受过教育的年轻人和他们的朋友来说，在酒吧里喝酒会营造一种放松、友好的氛围，很少有人喝酒是为了怂恿自己出现攻击性行为。一些相关的实验工作表明，酒精仅会引发那些本身就具有攻击性或者没有同理心的个体的暴力行为。

酒精与吸引力

人们饮酒常伴随着高风险的性行为。“啤酒眼”这个术语通常指的是酒精会使有潜在可能的亲密伴侣比他们实际上看起来更加迷人，之后他们会发生后悔的性行为。科学研究已经表明，确实有这种效应。相对于清醒时，酒后的被试一致地认为照片上不同性别的脸更加具有吸引力，尤其是对化了妆的成熟女性的脸而言更是如此。

我们对吸引力概念的理解是认为它拥有进化根源，即能够帮助我们找到合适的伴侣。强烈的进化压力会驱使我们寻找健康的伴侣，从而将优良的基因传递给我们的子孙后代，拥有一个长寿、合适的伴侣可以帮助我们照顾孩子。退一步说，与这些人发生性行为也不会有什么危害。根据这个结论，吸引力和被知觉到健康之间有很强的联系。

能使人的面部看起来有吸引力的一方面原因在于其对称性：一张脸越对称就会越具有吸引力。这反映了一个事实，即脸在发育过程中出现问题将会造成脸部的扭曲，脸部的对称性因此起到记录艰难的发育过程以及作为将来可能身体不健康的指示器的作用。吸引力不仅是指人们感知到的健康问题，似乎也包括感知到人是否会长寿。一项完美且简单的研究要求被试评价 20 世纪 30 年代一群人的大学毕业照，被试对这群人年轻时面孔吸引力的评价事实上也预测了他们的寿命。相似的研究表明，个体具有有吸引力的面孔，人们同时也倾向于包括其拥有美好的声音、好的肤色以及高的智商，所有这些看起来似乎有些不公平。如果你天生没有吸引力，那么所有的一切都会不利于你，并且你会因遭到侵害而受伤，然后会年纪轻轻就死掉。

在我们自己的研究中，我们发现适量饮酒会引起啤酒眼效应，伴随着倾向于做出健康的判断。然而，这个效应只有当被判断的个体是同种族时才可以发生。相反的，如果被判断的个体是不同种族的，适量饮酒会造成个体感知其他种族的个体吸引力下降以及更差的健康状况。

在我们的研究中，关于为什么饮酒者对判断吸引力和种族的研究结果不一致的问题到现在还没有弄清楚，这个效应可能反映了杏仁核处理潜在威胁信息的方式。杏仁核是一个相对原始的结构，位于大脑颞叶底端的前面。它负责处理大量与情绪（尤其是恐惧情绪）相关的信息。这个复杂的结构被分成不同的亚结构（见下面专栏中的内容）。当有恐惧刺激出现时，杏仁核的中央核将被激活。因此，当我们观看陌生人的照片时，这个核内的神经元会变得更加兴奋。如果照片上的脸被识别出和自己同种族时，这种神经元的活性就会被降低到正常水平。然而，如果该面孔被识别出和自己并非同一种族时，该神经元的活性将会持续走高。

专栏

杏仁核

杏仁核位于大脑颞叶底端的前部，由一系列不同的核团组成，每一部分都与特殊的大脑结构建立了不同的联系。对核团形成概念的简单方式，是将其以四个主要成分加以划分，即中央区、内侧核、外侧核和基底核（见图 6—1）。内侧核和外侧核存在着内部关联，有时，它们合起来被作为基底核。

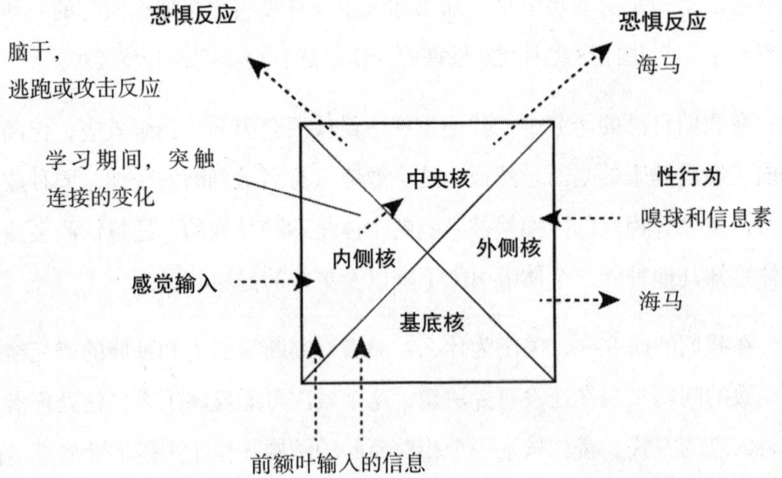

图 6—1　杏仁核主要功能简介（缩写：Ni，nuclei）

专栏

杏仁核的中央核部分主要涉及处理与恐惧的相关信息。与视觉、听觉相关的信息刺激从基底核传到中央核，并造成中央核内部神经元活性增强。中央核与海马之间的联系会使焦虑的激素水平降低，如当向脑干注射皮质醇激素时，人们就会产生内部的逃跑或攻击反应。

连接基底核和杏仁核的突触强度可以改变，这使得厌恶刺激的条件反射能够产生（见第 10 章关于“学习引起的细胞改变”的解释）。同时，来自前额皮层向杏仁核的投射，使得前额皮层能够对受杏仁核驱动的原始行为进行一些自主控制。

杏仁核内侧核中的神经元与海马和一些嗅觉结构形成了一种互惠的连接关系，这些环路是一些性行为和繁殖行为产生的原因。

这里可能存在进化适应的根源。随着时间的流逝，将很可能出现这样的情形，人们有必要对其他种族产生恐惧，这包括感知到的直接敌意以及考虑到的一些与传染源相关的污染问题。人们对传染疾病的免疫能力可能也是同一种族的人更强。与此一致的是，人们比起接触同种族的个体，在接触其他种族的个体时会体验到更多与污染相关的巨大恐惧。此外，这个反应在女性怀孕的时候会更加强烈，可能的原因是怀孕女性和胎儿都对传染病极其敏感。

尽管，这些反应在原始时代都有其适应价值，但在现在这个多元化的社会里，这些反应并不能提供有效的作用。在某种程度上，杏仁核的活动受到进化上更先进的前额皮层所抑制。看起来，前额皮层似乎告诉杏仁核并没有什么好怕的。然而，根据我们之前所了解的，酒精会降低人前额皮层的功能以及对内驱力的抑制能力。大量的实验研究显示，酒精显著地破坏了人们对种族偏见的抑制能力。需要强调的是，人们在对不同种族的研究上都发现了这些效应。例如，黑人对白人的反应，以及白人对黑人的反应。

冒充的痴呆

过度饮酒与不恰当的社会行为之间的关系，也反映了酒精对干预社会认知的潜力。通过社会认知，一系列加工过程使得我们能与他人在社交场合下进行交流。特殊的大脑环路，包括部分前额皮层和杏仁核，似乎对社会认知起到关键性作用。因此，人们预期，酒精可能会干扰这些过程。

社会认知的一个方面指的是我们与他人交流的方式，这被称作“心理理论”，涉及到我们理解他人意图、情绪和信念的能力。

随着我们的成长，我们的心理理论能力也会发生改变。儿童在 4 岁之前很难理解别人没有使用与他们一样的信息。例如，有人没看到玩具从柜子里被拿到了床下，他们可能认为玩具还在柜子里。4 岁之前的儿童认为，之前没有在屋子里看见拿走玩具的人，他们仍然知道玩具在哪里。10 岁左右的儿童其心理理论已经得到发展，他们已经能够完成这个虚假的任务测试，这就是为什么有的人会说一些或做一些伤害别人的事，而自己却没有意识到。例如，某人可能告诉举办晚宴的主人自己不喜欢某道菜，但他并没有意识到在晚宴的菜单上也有这道菜。对于 10 岁以下的儿童，他不一定能意识到自己的说法是无辜的，而会认为主人是故意这么做的。心理理论的另一个方面，需要人们理解不同面部表情所表达的情绪。

人们对心理理论的发展感兴趣，部分原因是由于一些神经和神经精神障碍患者的心理理论存在缺陷。类似地，患有自闭症的儿童在解决心理理论任务时也存在困难。我和我的同事推测，饮酒可能会破坏前额皮层和杏仁核的功能，从而影响其心理理论，即我们看到的喝醉的人很难理解别人的意图和情绪。

在我们的一项研究中，对饮用了 3 品脱啤酒之后的常规饮酒年轻人进行了测试。结果发现，他们理解他人意图和情绪的能力显著下降。因此，我们即使饮用相对适度的酒，对于他人意图和情绪的复杂社会原因的解释能力也会受到影响，这会使我们更易遭受误解和冲突。

在接下来的一项研究中，我们调查了一些自愿参加实验的重度酗酒被试，并在他们饮用了相当于市中心酒吧出售的 3 瓶酒的量后的傍晚对其进行了测试。需要强调的是，这些被试打算喝这么多酒与我们的实验无关，我们只是对他们这种社会行为进行观察而已。令人不安的是，这些人饮酒后，其心理理论能力的损伤与痴呆病人的差不多。这引起了一些道德问题，即在周五晚上拥挤的市中心酒吧中，留下那些没人陪伴的痴呆患者是道德的吗？

酒精与意外事故

酒精和大脑前额皮层以及小脑的关系，会影响我们做出正确判断和对运动的控制能力，那么酒精会使我们陷入意外事故就不奇怪了，它能引起饮酒和驾驶的风险已经很明确。然而，还有很多因饮酒引起的不同类型的交通事故。事实上，20%~30% 的恶性交通事故都是由饮酒引起的。

在大多数医生的职业生涯中，都会遇到很多关于饮酒而遭遇意外事故的案例。我的妻子在多年前遇到一个特别悲惨的案例。一名男子在他的婚前聚会上，以10杯一次的方式进行豪饮，他喝醉后被他的伴侣带走，但他却不小心摔倒造成头部严重受伤，后来他被很快送到医院的重症监护室进行治疗。不幸的是，第二天早上他再也没有醒过来。他的女友受到极大的心理创伤，要求医院在他死之前取出他的精子，那样的话，她还能有机会怀有他的孩子。荒唐的是，这样的愿望并没有实现，因为在先前的事故中，医院不允许对受了致命伤的病人采取这样的手术。然而，这个病人是一个理想的器官捐献者，也许这意味着，他可以以这种方式延续自己的生命。

慢性饮酒与健康

除了饮酒引起的上述或好或坏的影响，长期饮酒还对人类健康有很多影响，这些影响无一不是坏的。在英国，每年因滥用酒精而导致的死亡人数的变化都很大，但通常会处于6 000~9 000人的范围内。苏格兰的人口死亡比例比英国其他联邦成员国的都高，大概有5%的死亡率都是由于饮酒直接引起的。其中一些死亡事故是由于酒精引发的意外，但是大部分事故都是由于酒精导致饮酒者的肝脏损伤。

肝硬化主要用来描述肝脏不可逆的损伤。它发生于各种肝脏疾病的晚期，可能是由于病毒感染（如丙型肝炎）造成，也可能是由于过量饮酒造成。肝硬化的症状包括黄疸，其主要表现是皮肤泛黄，体重减轻。那些大量饮酒10年以上的人，有20%左右的人都可能患上酒精性肝硬化，酒精可能通过阻断正常代谢中的蛋白质、脂肪和碳水化合物而使肝脏受到损伤。

肝硬化通常发生在饮酒者40岁以后。在英国，每年会因肝硬化造成3 000人死亡。过去，法国因肝硬化而造成死亡的人口比例也很高；但自从 20 世纪 50 年代以后，这个比例已经日趋下降，现在的死亡人口比例只比英国高一点而已。

如上所述，几年前，我和我的妻子在离法国西部村庄的一个酒吧里过夜。11 点左右的时候，一个邮递员步履蹒跚地走进来，喝了两杯法国茴香酒之后又回到他的摩托车上，颤颤巍巍地开走了。我对此的看法是，他不会活得太久。我妻子反驳了我，她认为他可能不会这样，他的情况至少比台球桌边的小伙子要好一些。果然，这里有一个相对来说比较年轻的人，他很瘦，脸色发黄，挺着肿胀的肚子靠在台球桌旁，看起来已经是肝硬化晚期了。医护人员似乎有一种不可思议的本领，不管在哪个地方，都能确定哪些人是绝症末期病人。目前，对他来说拒绝参加这些活动还非常困难，但最终他不得不放弃，一些诸如"那边的小伙子怎么样，他的肚子肿胀，并且脸色也不好"的建议通常都会遭到嘲笑。

酒精与脑损伤

长期饮酒还会影响大脑。正如我们接下来要说的，人们在青春期以及成年早期，其大脑也一直在发育。人们在青春期过度饮酒会妨碍大脑的晚期神经发育，最终会导致大范围的永久性认知损伤；长期饮酒也会增加人们患脑卒中的风险。而且，很多研究已经表明，长期大量饮酒与脑容量减少的关系非常密切，并且会增加人们患精神障碍的风险。

酒精能引起脑容量减少，这会引发另一个悖论。在闭合性脑外伤中，饮酒个体比正常个体的情况更好。闭合性脑外伤常常会损伤大脑表面的血管，头骨会妨碍血液流出，慢慢堆积起来的血液会压迫脆弱的脑组织。长期滥用酒精的人的脑有时看起来像一个皱巴巴的核桃，这意味着他们的脑内有可用的空间，当血液从血管中喷出来时也不会有太大的问题。因此，尽管滥用酒精可能会增加人们的意外事故和脑损伤的风险，但饮酒者能幸存的机会也更高，为数不多的一些研究也从反面证明了有规律地少量饮酒可以降低人们患痴呆的风险。

酒精对脑的致命效应最有可能反映了兴奋性氨基酸的作用。正如后面我们会看到的，脑内最常见的兴奋性神经递质是谷氨酸盐。从化学成分上说，谷氨酸盐是一种氨基酸，从大脑皮层细胞中所有神经元以及所有感觉系统中都可以发现这种物质。鉴于谷氨酸盐在脑内的广泛使用，人们惊讶地发现，它其实是一种毒性很强的神经毒素。在突触中，如果谷氨酸盐的浓度增加到一定程度的话，将会导致神经元死亡。根据这个机制，长期滥用酒精能引起人们大范围的脑损伤。除去这些直接的毒性效应，滥用酒精还能引起人们营养不良或肝脏损伤，进而引起脑损伤。

长期饮酒与认知

长期滥用酒精与一系列日益增加的认知损害风险密切相关，尤其是记忆功能以及一系列的精神并发症，这并不是危言耸听。近期的一项研究表明，在法国的精神病治疗机构中，有五分之一的患者患的都是与酒精相关的痴呆症。

长期滥用酒精的人有一个突出症状叫作科尔萨夫综合征，其会表现出严重的记忆问题，造成这种状况的原因可能是很多酗酒者的饮食不合理，这会导致他们体内缺乏维生素 B1（硫胺素），进而导致他们大脑特定结构的损伤。科尔萨夫综合征病人同时会表现出顺行遗忘（不能形成新的记忆）和逆性遗忘（不能记起之前发生的事），病人通常通过编造故事来掩饰他们的记忆缺损，这就是所谓的虚构症。

大脑结构中与记忆关系最为密切的是海马，它位于颞叶（见第 1 章图

1—6）。我们很多关于记忆系统的知识都是来源于对一个叫亨利·莫莱森（Henry Molaison，即 H.M）病人的研究，这位病人年轻时在一次自行车事故后患了严重的癫痫。20 世纪 50 年代，医生为他去除了颞叶内部分损伤的脑组织，年轻的他经历了一次神经外科手术，手术的目的是阻止他癫痫发作。手术去除了他脑内的海马、杏仁核以及周围的一些大脑皮层。结果，他的癫痫症状得到了控制，尽管他还能学习一些运动技能，但他出现了严重的顺序遗忘和中等程度的逆性遗忘。

在此背景下，人们惊奇地发现，科尔萨夫综合征患者的主要受损脑区可能不是海马，而是丘脑和下丘脑，尤其是下丘脑中的乳头体部位。这个球根状的结构可见于脑的底部，它通过穹窿与其他结构联系，其中包含大量 C 形的轴突。对此的一种可能解释是，这些部位的损害中断了信息在海马的进出。

酒精与精神问题

酒精滥用与一些精神问题有着密切关系，这些精神问题包括抑郁、自杀、精神病和焦虑。一般认为，持续性的过量饮酒会引发这些状况。然而，也可能是易患这些精神健康问题的个体采用酒精来应对这些状况。这些自我治疗的想法也被用来试图解释为什么这么多精神疾病患者都是烟瘾极大的烟民。

酒精与焦虑的关系比较复杂。酒精被认为是一种可以抗焦虑的药物，即是一种降低焦虑的药物。因此，当处于社交上的不安以及引发焦虑的情境时，很多人会选择饮酒。的确，有一个成语叫作“酒后之勇”，它是用来描述那些故意用酒精来降低焦虑的人，该成语起源于 17 世纪长达 30 年的战争期间，英国士兵在上战场之前都会饮用荷兰的松子酒。尽管酒精可以短时间降低他们的焦虑症状，但是长期大量饮用就会有相反的效果。所以，长期滥用酒精与社交恐惧症症状加剧以及无端恐惧症的发展有关。在人们已经开始依赖酒精，然后想要戒除的时候，这些症状尤其显著。相似的效应也出现在其他诸如安定的药物上，这种药是指定的治疗焦虑的药物，我们将会在后面的章节中介绍到。

酒精除了对焦虑起作用，它还对恐惧和知觉到的危险起作用。表面上看，焦虑和恐惧非常相似，二者都代表对威胁刺激的适度情绪反应。但尽管如此，在引发二者的事件上以及实现它们的大脑机制方面，二者又是分离的。焦虑倾向于长效作用，且指向将来可能发生的广泛的威胁刺激。恐惧倾向于对当前明确危险刺激的情感表达，发作迅速且持续时间较短，并且伴随着兴奋、明显的面部情绪以及与恐惧相关的行为。

因此，恐惧导致的是逃脱和逃避行为，而与焦虑相关的是高度警觉状态。在对恐惧的反应中，个体表现出对疼痛感的迟钝。然而焦虑却恰恰相反，它会提高人们对疼痛感的知觉。

西尔沃斯（Sylvers）和他的同事们指出，可以用“杞人忧天”和“胆小鬼”来区分一个焦虑的人和极度恐惧的人。前者描述的是某人具有高度焦虑的特质，他会对潜在威胁刺激保持高度警觉；而后者体现的是某人具有高度恐惧和避免冒险的特质，但当危险刺激未出现时，这种痛苦就不会表现出来。

焦虑和恐惧反应都与脑内杏仁核的神经结构有着密切关系，但这两种反应都涉及到杏仁核内的不同核团。

有证据表明，酒精可以降低焦虑，但却不能降低恐惧，这与一种叫作苯二氮平类药物的作用相反。这是一种被广泛用于治疗焦虑的药物，它对这两种反应都有效果。区分酒精对恐惧感的影响是非常困难的，因为酒精对前额皮层的作用会影响到人们的判断能力。因此，一个喝醉的人可能表现出一种危险行为，这不是因为酒精使他们的恐惧感降低，而是因为在醉酒状态下，他们错误地计算了其行为的危险性。这充分体现了南方狼的民间传说。在一个以攀岩而闻名的小村庄——博舍斯顿（Bosherston），那里的悬崖边有一条大裂沟，一个醉酒的骑士在夜晚横跨这条大裂沟之后，它就被命名为“猎人的飞跃”。第二天，他清醒时回想起他所做的事，竟被活活吓死。

焦虑障碍

焦虑被认为是一种适应性反应，因为它使我们能够避开潜在的危险刺激。然而在某些人中，这种焦虑感日益增强，进而发展成焦虑障碍。焦虑障碍趋向于描述过度自省，以及对未来某些真实事件或想象事件过分担心的症状，它会影响人们的生理和心理健康。

在世界范围内，人的一生中最常见的精神健康问题就是焦虑障碍，在欧洲和亚洲，这个比例分别占了 13% 和 18% 左右，女性比男性更容易患上这种障碍。

焦虑障碍的主要类型包括恐惧症、强迫性精神障碍、创伤后应激障碍和惊恐发作。患焦虑障碍的病人可能会体验到以下症状：心悸、心跳过速（心跳的速度过快）、疲劳、恶心、胸痛、呼吸暂停以及紧张不安。这些症状伴随着恐惧或担心，人们时刻关注着危险刺激，以及避开能够引起焦虑的相关情境。

惊恐发作常常由病人误解自己对压力的生理反应所引起。他们以为自己心跳加速和胸痛是要死亡的征兆，这会使得他们更加焦虑，反过来又使得他们的生理反应更加强烈。这种恶性循环会在惊恐发作里积累。

咖啡因会加重焦虑障碍，这种效应在惊恐发作的研究中已经得到证明。大剂量的咖啡因会导致生理的变化，包括心跳过速和震颤。容易恐惧的患者会将药物疗效误认为是更危险的事，而且觉得这种变化会危及生命。

对焦虑的治疗

近些年来，认知行为疗法（CBT）被广泛用来治疗焦虑障碍。除了对酒精的使用，药物治疗主要关注的是苯二氮平类药物。

在 20 世纪 60 年代早期，苯二氮平类药物开始被广泛用于治疗焦虑。当这些药物被用于急性治疗时，它看起来是相对安全的。然而，长期使用这些药物确实会引起一系列问题。目前，处方药的条例禁止长期使用苯二氮平类药物，因为长期使用这些药物会造成一些心理问题，它们与饮酒的相关症状类似。

γ- 氨基丁酸 A 受体复合体

酒精和苯二氮平类药物都会对一种叫作 γ－氨基丁酸 A（GABA-A）的受体复合体起作用，并且，这种作用是非常复杂的。大多数神经递质都通过与受体部位结合起作用，这个结合位点又叫作绑定位点，这种过程能够打开附近的离子通道。特定离子内移或外移会使得神经细胞膜周围的电流产生变化，并且会影响到突触前膜对递质的释放。一些药物模仿了神经递质的作用。它们就像那些真正的神经递质一样，以同样的方式绑定结合位点，以及打开离子通道开关，这些药物被称作兴奋剂。其他一些药物阻断了结合位点，阻止了神经递质打开离子通道，这些药物被叫作拮抗剂。

γ－氨基丁酸是脑内最常见的抑制性神经递质，它在 γ－氨基丁酸 A 受体上与 γ－氨基丁酸的结合位点绑定，并且打开氯离子通道。向细胞膜内移动的带负电荷的氯离子使得神经元细胞内的负电荷越来越多，从而降低突触前膜释放递质的可能性。这就是 γ－氨基丁酸被称为抑制性递质的原因所在。氯离子通道周围是其他一些化学药物的结合位点，其中包括酒精和苯二氮平类药物（见下面专栏中的内容）。当酒精和苯二氮平类药物与结合位点绑定时，不会直接对氯离子通道起作用。事实上，它们只是推动了氯离子通道附近所有 γ－氨基丁酸的活动。这种酒精与 γ－氨基丁酸的协同作用，使酒精与作为间接兴奋剂的 γ－氨基丁酸 A 受体复合体有关。

专栏

γ- 氨基丁酸 A 受体复合体

γ－氨基丁酸是脑内最常见的抑制性神经递质，它主要作用于 γ－氨基丁酸 A 受体复合体。γ－氨基丁酸 A 受体复合体由一系列结合位点周围的中央氯离子通道组成（见图 6—2）。γ－氨基丁酸与其中一个结合位点进行绑定，让氯离子通道打开，带有负电荷的氯离子就能流向神经细胞内，使得胞内的负电位升高，从而抑制神经细胞的潜在运动。氯离子通道周围还有其他关于酒精和苯二氮平类药物的结合位点，酒精和苯二氮平药物与结合位点的绑定将会影响到 γ－氨基丁酸对氯离子通道的打开。

巴比妥酸盐是一种被广泛用于麻醉学的药物，也可以和酒精的结合位点绑定，其周围也包括类固醇配体以及一种叫作苦味毒的药物的结合位点。

专栏

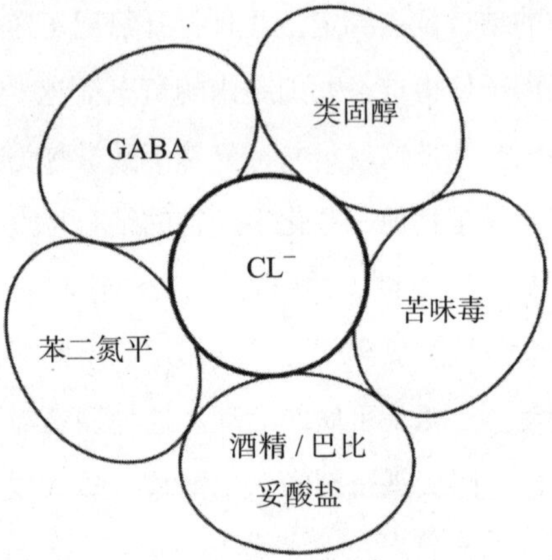

图 6—2　GABA-A 受体复合体

在 20 世纪 60 年代和 70 年代间，苯二氮平类药物被广泛使用，导致很多病人对这种药物产生了依赖，并且他们在尝试戒断时，产生了严重的戒断反应。一些高级法庭诉讼试图为那些药物受害者向涉药公司以及相关政府部门寻求赔偿，其中包括英国历史上最大的一起对药品公司的集体诉讼，尽管法庭最终没有进行裁决。人们因药品公司掩饰其药物的副作用而对其进行索赔。谣传称，如果法庭被发现判决偏向于病人，那么病人后续索取经济赔偿将会很困难。对治疗焦虑的药物引发的灾难，可能已经引起世界范围内的人对使用一般性药物治疗一系列生理和心理障碍的怀疑。

对苯二氮平类药物的过度使用

医院在做一些小外科手术之前，可能会使用苯二氮平类药物给病人作为镇静剂，尽管病人会感到不太舒服。人们最常用的一种苯二氮平类药物叫作咪达唑仑。高剂量使用该药物只会让病人精疲力竭，但当使用剂量变低时，病人起初会失去知觉，尽管如此，他们还是会发出与悲痛相关的呻吟声。然而，当他们醒来时，他们没有了之前有关疼痛的记忆。这个事件是否可以在人记忆缺失的情况下真实发生？这个哲学问题越来越引起更多人的关注。持续使用低剂量的咪达唑仑将会使被试意识清醒，但他们并不在乎所感觉到的疼痛。我之前的一个同事告诉过我，他在几年前是怎样在低剂量的咪达唑仑的帮助下完成了对鼻子的整形（使得鼻子更挺，塑形）。他回忆道，在手术过程中，他因为感到疼痛而忍不住尖叫。然而，他也辩解道，他感觉仿佛是其他人而不是自己经历了这一切。这又引发了一个哲学问题，我们应该关心他人的疼痛吗？

总体说来，如酒精和苯二氮平类的药物可以作用于 γ－氨基丁酸受体，从而使人在短期内克服焦虑。然而，长期使用这些药物会导致药物依赖，并且可能会造成更大的焦虑问题。人们还不太清楚酒精对恐惧的作用，但人们清楚的是，酒精会降低我们对危险刺激的预估能力。在第 7 章中，我们将探讨外伤性脑损伤对恐惧的作用，主要关注前额叶、颞叶这些容易受伤的部位。研究结果表明，病人这些部位损伤表现出和酒精引起的损伤类似的状况。同时，我们也探讨了一些已经丧失恐惧能力的心理变态者的情况。

第 7 章　创伤性脑损伤、暴力袭击和精神病患者

在本章中，我们将看到头部损伤及其对社会行为的影响。我们会了解到，创伤性脑损伤会导致一些病人做出过激行为。我们还会看到精神疾病背后的神经生物学因素、一种伴随严重暴力行为的人格障碍，以及基因和环境如何影响一个人并使其更有可能做出反社会行为。

创伤性脑损伤

神经外科医生的很大一部分工作是应对病人的头部损伤，这一点或许并不令人惊讶。根据英国慈善机构的研究发展估计，英国每年大约有 100 万人因为头部受伤而被送入急诊室（A&E），而这些人中大约有 14% 均伤及脑（即创伤性脑损伤或 TBI），需要进行住院治疗。

从不到 4 岁的小孩子到年轻的成年人，各个年龄层的人都有可能受到创伤性脑损伤的折磨，尤其是男性特别容易受到脑损伤。根据美国的统计

数字可以了解到，造成头部损伤最主要的原因是坠落和交通事故，这两种因素造成了半数的创伤性脑损伤（traumatic brain injury，TBI），而大约有10% 的创伤性脑损伤是由于暴力袭击事件造成的。

暴力袭击

由暴力袭击造成的创伤性脑损伤则更加复杂。警察往往需要做笔录，律师需要知道病人的受伤程度，病人有时还需要防止进一步的伤害。如果病人死亡，情况就变得更加复杂，事件的犯罪性质也由伤害变成了凶杀。

我对几年前的一个晚上发生的突发事件还记忆犹新。我的妻子突然被一个电话叫去医院抢救一个在暴力袭击事件中受伤的伤员。伤者为男性，在加油站工作。他在试图阻止一群年轻人抢劫服务站时被螺丝刀刺中眼睛，而更糟糕的还在后面，螺丝刀穿透了他眼球后面的头骨。为大脑输送养分的主动脉就位于头骨内壁，它在那里形成了一个环状网络，被称作威利斯环（也就是大脑动脉环，威利斯环以 17 世纪解剖学家的名字命名，详见下面专栏中的图 7—1）。这次袭击造成了伤者脑内为该网络提供养分的两个颈内动脉之一出现破洞，医生需要动手术将破掉的动脉血管夹住。

专栏

脑供血系统

为大脑输送养分的主动脉就位于头骨内壁，它在那里形成了一个环状网络，叫作威利斯环。人脑部的供血主要来自两条颈内动脉和两条椎骨动脉，其中椎骨动脉汇合形成了一条基底动脉，而基底动脉和颈内动脉分离后形成了一条血管环路，这一环路被称作威利斯环，其中一系列主要动脉血管最后进入大脑。威利斯环使有限的血液从大脑的一侧分流到另一侧。

专栏

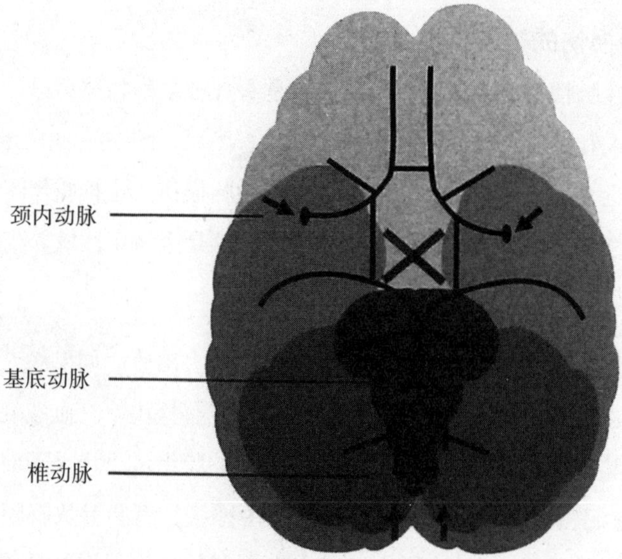

图 7—1　大脑动脉环

电影之夜

我妻子不在的时候，我就会不停切换电视频道，想在入夜之前找点解闷的东西看。一次，我偶然看到了一部由“好莱坞硬汉”布鲁斯·威利斯（Bruce Willis）领衔主演的影片（据我所知，这个威利斯和之前的那个解剖学家威利斯没有关系）。威利斯在影片中所饰演的角色受到了袭击，并导致头部损伤。好莱坞影片中时下故事的流行趋势是该角色突然死而复生，他除了有一些面部划伤来以此说明曾受过重伤之外，很少会留下其他后遗症。他不仅能生龙活虎地大战一天，还能在 24 小时之内和女人上个床。这种对袭击发生后展示的虚构场景与插着螺丝刀的病人身上发生的情景相比，结果似乎大相径庭。事实上，媒体对袭击事件的美化渲染，可能导致公众严重低估暴力攻击事件的伤害后果。

创伤性脑损伤的类型

创伤性脑损伤最明显的一个形式就是头骨被某种物体穿透，就像那个加油站工人和螺丝刀的案例中表现的一样。然而，脑在颅内的突然剧烈加速和减速也会损伤脑组织，从而导致创伤性脑损伤，这种叫作闭合性脑损伤。创伤性脑损伤病人的病灶位于脑伤处，这是个特定区域，当然病灶也可能出现扩散。

创伤性脑损伤通常会导致大脑表层的血管大出血。如果病人颅骨骨折或者看上去神志不清，他脑中的四分之一可能有栓块，其血液凝集或血肿的位置与脑脊膜也有关。脑脊膜由三层分离的膜组成（详见下面专栏中的内容），它们覆盖着大脑和脊髓，一旦发生感染，就会导致脑膜炎。最外层的覆膜比较粗糙，叫作硬脑膜；中层的是蛛网膜；里层的是软脑膜。血肿可能发生在硬脑膜和颅骨之间（硬膜外血肿）、硬膜和蛛网膜之间（硬膜下血肿）或在蛛网膜和软脑膜之间（蛛网膜下血肿）。神经外科手术往往是在颅骨上切出一个像活板门一样的洞，使栓块通过，疏通循环。

专栏

脑膜

脑脊膜由三层分离的膜组成（详见图 7—2），它们覆盖着大脑和脊髓。最外层的膜是纤维状的硬脑膜，它大部分与头盖骨内壁相连，穿过两个大的脑沟，延伸至颅腔。粗糙坚硬的硬脑膜对脑起到保护作用，防止脑在颅腔内来回移动。在硬脑膜的两个沟内，有一些血管和充满血液

专栏

的大窦道以及脑膜动脉。在硬脑膜之下是蛛网膜，因其看起来像蜘蛛网而被命名。位于蛛网膜之下、最贴近大脑的是精细的软脑膜。蛛网膜和软脑膜之间有一层间隙叫作蛛网膜下腔，里面有为脑提供养料的血管以及脑脊液（CSF），这种由脑室产生的液体，可以帮助脑吸收到物理震荡。蛛网膜中被称作蛛网膜粒的指状突起物，可以将脑脊液重新吸收回血液里。脑膜感染会导致脑膜炎。

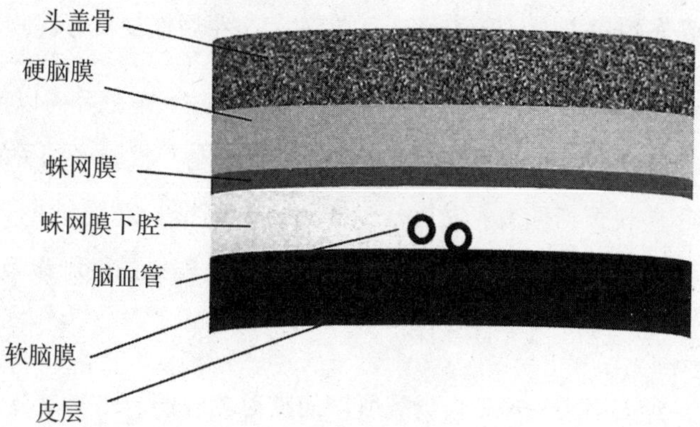

图 7—2　脑膜

创伤性脑损伤的短期问题

轻微脑损伤病人可能会有轻度失去意识、头痛、呕吐、眩晕或视力模糊等症状，而中度到重度脑损伤病人则会伴有抽搐（癫痫发作）、缺乏警觉、单侧或双侧瞳孔扩散、肢体无力或麻木、协调障碍、意识不清、不安和亢奋等症状，发生像吐字不清和用词不当之类的言语问题。临床上用格拉斯哥昏迷量表（Glasgow Coma Scale）对头部受伤病人的严重程度进行测查。

创伤性脑损伤的延迟效应

初次伤害所带来的脑损伤在几天之内就会夺取很多人的生命。这些致命反应可能来自于细胞对创伤的反应，而非创伤本身。细胞对创伤的反应可能导致神经递质谷氨酸（高浓度则有毒性）过量释放、脑肿胀以及颅内压上升。颅内压上升（ICP）会破坏颅骨结构，病人通常需要通风来缓解脑肿胀。

创伤性脑损伤的长期问题

创伤性脑损伤长期恢复的一个指标就是，病人能够清醒地进行阅读。轻微头部受伤的病人中只有 45% 的人在入院一年后恢复良好。

轻微创伤性脑损伤病人可能会表现出疲劳嗜睡、睡眠障碍以及认知和情绪问题。重度创伤性脑损伤患者可能会表现出与受损脑区相关的局灶性症状，这些症状包括偏瘫（肢体活动无力或者困难）以及言语产生困难。但是，最易受闭合性脑损伤影响的脑区是眶额皮层、前颞叶以及杏仁核，部分原因是这些脑区与头骨骨脊相邻。

有时，对人当头一击就会导致所谓的脑对侧外伤。比如，击中后脑就会导致脑弹向颅骨前侧。在这个病例中，脑损伤区域位于受击打部位的对侧。所以，颅骨里侧的特殊形状导致前额叶和颞叶特别容易受到创伤性脑损伤的影响。正如我们在第 6 章中所看到的，这些脑区对社会行为的组织、情绪反应的调节以及执行功能都至关重要。因此，中度和重度脑损伤患者从社会行为到情绪反应都会出现问题。很多创伤性脑损伤患者会表现出行为的变化，比如，他们更具侵略性和会出现记忆问题；半数患者会出现述情障碍，也就是对情绪的识别和理解出现缺陷；如果患者的前额叶出现损伤，他几乎就与高层领导职位无缘了。

脑伤虽然一般不会影响视觉，但是往往会夺走嗅觉，这可能是因为气味信息通常由第一脑神经——嗅觉神经从鼻子传输到大脑。在位于鼻子后方颅骨底部的嗅觉神经里，发生着很多精细的过程，而头部受到猛击会使得这些过程中断（详见下面专栏中的图 7—3）。

专栏

嗅觉神经

当挥发性物质引发位于鼻腔上皮细胞中的嗅觉感受器时，人就可以察觉到气味，这些感受器产生的信号会通过嗅觉神经传递给大脑。

嗅觉神经是由极其细致的一组轴突所组成，这些轴突通过像筛网一样的骨性筛板上的细小孔洞进入颅腔。

给人当头一击会导致这些轴突断裂，使人失去嗅觉。这些嗅神经的轴突与位于脑底部嗅球中的神经元形成突触，在此处发出的突触到达嗅觉皮层，覆盖了部分颞叶和杏仁核。

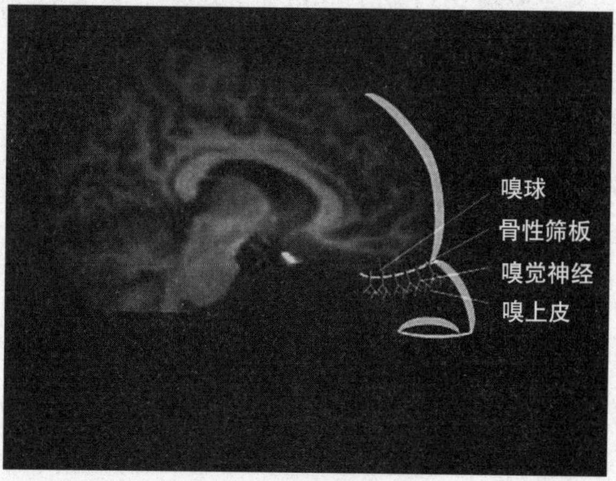

图 7—3　嗅觉神经

与好莱坞式的攻击情景相反，病人在受脑伤的3个月内，很有可能伴随着大小便失禁。类似地，男性病人还有可能出现阳痿。病人还有可能在余生中都受到癫痫发作的折磨。病人的驾照不得不被吊销，直到他完全康复12个月以后才能再次申请。而有创伤性脑损伤病史的人还会妨碍其获得大型货车驾照。

反应性攻击和工具性攻击

在现代社会，人们往往十分关注攻击性行为，并且花费大把力气去减少这种行为。从行为学的角度看，攻击行为有两种功能。它既能使动物成为掠食者，也能使它们抵御掠食者。攻击性行为可能是通过不同的神经回路实现的。

强烈的负面情绪往往伴随着防御性攻击行为，这似乎与杏仁核的活动有关。更确切地说，是与中央杏仁核团有关（见第6章图6—1）。这是一个相对原始的神经机制，来自中央杏仁核团的突触连接中脑，并由此延伸进入脑干的底部和脊髓。这样的结构保证了在进行防御性攻击时不需要太多的皮层参与或者思考，进而使得动物能够激烈争斗，保护自己和同类。与之不同的是，掠夺性攻击可能伴随着积极情绪，并有较强烈的皮层参与。一般来讲，正在狩猎的动物能够控制它们的行为。

这两种类型的攻击行为放在人类身上也同样成立，发生在动物身上的防御性攻击，与人类身上所谓的反应性攻击十分相似。正如我们在有关酒精的章节中所了解到的，前额叶皮层往往起到制约杏仁核的作用，它在伤害出现时阻止那些不被社会赞许的攻击性行为出现。类似地，由创伤性脑损伤造成的前额叶皮层损伤会导致反应性攻击更容易被激发。另一方面，掠食性攻击与人类的工具性攻击很相似。工具性攻击就是为达到一定目的而有意进行的侵犯或暴力行为。在加油站这个案例中，袭击者的行为就是这种攻击行为，他们的目标是盗窃钱财。高水平的工具性攻击则与精神病有关联。

精神病

在通常意义上来讲，“精神病”这个词是用来描述那些行为方式具有攻击性和具有疯狂等特点的人。但是，这个词的确存在一个正式的精神病学定义。精神病是指一种人格障碍，这种人格障碍会表现出冷酷无情的性格特点以及无源性的反社会生活作风，它与反社会人格障碍（ASPD）的特点有些类似。而反社会人格障碍是一种更常见的精神疾病，可以通过患者的行为模式对其进行诊断。但是，反社会人格障碍患者并未表现出精神病患者所具备的那种情绪缺陷。

据说，精神病人外表看上去很正常，但其极度缺乏人类的情绪。尽管仅有不到 1% 的人患有这种疾病，但精神病人对犯罪事件的影响却是巨大的，有超过一半的严重暴力犯罪事件都是由精神病人造成的。也有观点认为，精神病人的特点，如残酷无情、麻木不仁、缺乏同情心都存在于一个连续体上。的确，很多特别成功的人士比如资深政治家和高管，他们的这些特质水平似乎也很高。

精神病的概念源于赫维 · 克列莱（Hervey Cleckley）在 20 世纪 40 年代早期出版的颇具影响力的著作《理性的面具》(*The Mast of Sanity*)，这本书的内容基于作者对一些精神病患者的观察。这些精神病患者表面正常、聪慧而迷人，但人们通过深入了解就会察觉到，他们冷酷无情、麻木不仁、没有同情心和愧疚感。他们从不紧张或者焦虑，也没有办法去爱。

罗伯特 · 海尔（Robert Hare）曾经倡导过精神病的概念，这个加拿大人对在押的重刑犯进行了广泛研究。他列出了一份人格清单，这份清单现在被用于鉴定犯人是不是精神病患者，这就是我们所知的《精神病核检表－修订版》(PCL-R)。

这份清单假设精神病人能够理解如下两种要素：一个要素与人际交往风格和情绪有关，另一个要素是反社会生活作风。前者用来评估花言巧语或外在的迷人度，对自我价值的浮夸程度，病理性说谎，病态的或操作性的行为，同情心和内疚感的缺乏度，浅层影响，冷酷无情或对行为责任感的缺失程度；后者用来评估寻求刺激或者容易厌倦的程度，寄生式的生活作风，行为控制失灵，性滥交，早期行为问题，缺乏长期的现实目标，易冲动，无责任感，婚姻生活短暂，少年犯罪，撤销假释，犯罪行为多样化。这份清单用一系列计分项目测查这些因素，如果分数高于一定阈限，就意味着参加测试的人被认为是精神病患者。有趣的是，美国的精神病人判定分数线要比欧洲高得多。

精神病往往被认为是一种疾病，它会影响到成年人，而且有一些明显的病症可以反映出人们的异常行为。然而，品行障碍可能是精神病的早期发展版本，很多具有品行障碍的儿童也会表现出冷漠无情的反社会行为。对于具有严重暴力史家庭的研究表明，品行障碍和精神病可能会受到基因遗传的影响。早年被正常家庭领养的人，在日后犯罪的可能性与其生父犯罪的可能性直接相关。同理，对一系列大规模双生子的研究也证明，冷漠无情的情绪特质会受到遗传的强烈影响。

无畏和反应不足

精神病与激素释放的减少、应激性生理反应以及对恐惧反应的减少都有关联。比如，对应激性刺激进行反应时，精神病人的皮质醇水平偏低。

在对与惩罚相关的情绪刺激进行反应时，精神病人的心血管反应（心率和血压）也会出现显著异常。另外，低静息心率也可以很好地预测成年人和儿童的反社会和攻击行为，这可能反映了他们无所畏惧、乐于寻求刺激的秉性。这些心血管异常症状与精神病的影响因素有所关联，而不是受生活作风因素的影响，这种异常往往伴随着对愉快和不愉快刺激反应时的皮肤电下降。

精神病人对恐惧体验的缺陷常常伴随着对恐惧面孔表情的识别困难，人们认为这与杏仁核功能相关的神经生理方面的缺陷有关。杏仁核是大脑加工情绪和产生恐惧反应的关键结构，对表现出疑似精神病特征（如由于杏仁核受损造成无法识别恐惧的面部表情）的病人的病例研究也都支持这一观点。同样，脑成像研究也显示，精神病人的杏仁核在面对强烈情绪刺激时容易出现活性不足的情况，但焦虑症患者的情况则正好相反，对未被诊断为精神病的暴力罪犯的脑部成像研究也同样表现出了这种异常。但是，这些人的脑部异常都只反映了前额叶皮层的问题，而非杏仁核的问题。这些前额叶异常也许会损害执行功能，造成人易冲动，也会损害人的计划能力，使其更容易做出不适宜的攻击性反应。然而，更加令人担心的是，人们有时会发现，采用这些实验手段使得实验组中的狱警比控制组中的表现出更显著的异常，这就需要监狱的一些工作人员不要对自己的工作有过分的情绪投入。

对于动物和人而言，没法体验恐惧会使得他们很难学习厌恶条件。例如，当警示光闪过之后，笼子的一端会出现电击，而经过实验条件处理的动物可能会更快地学会逃避电击。所以，只要光刺激出现，这些动物就会跑到笼子里没有电击的一端。对厌恶刺激条件的学习需要杏仁核内部的加工过程，而精神病人在厌恶条件的学习方面表现出明显的缺陷，这就使得他们尤其不能得到牢狱惩罚的教训。而牢狱惩罚就像是大多数形式的惩罚一样，具有厌恶条件因素或奖励剥夺的因素。

继发性精神病和焦虑

如今，关于精神病是否存在亚类型这一话题，人们正在展开激烈的争论。现在有一种趋势，就是将冷漠情绪得分高的个体称作初级精神病患者，而将生活作风维度分数特别高的个体称作继发性精神病患者。

继发性精神病人容易产生神经过敏或者焦虑，而这一问题会在社会上导致两种不安定因素：第一，很多年来，人们一直相信焦虑会限制人的反社会行为，但最近的研究发现，高水平的焦虑与攻击性行为是有所关联的；第二，一些精神病人容易产生高度焦虑的这一论断，似乎与精神病人原本的中心特征之一——无畏的表现相反。然而，正如我们已经在第 6 章中所看到的，恐惧和焦虑是由不同的神经通路所产生的。所以，一个精神病人确实有可能既无畏又焦虑，但这种可能性依旧需要严密的实验进行检验才能被证实。

催产素和精神病

在第 2 章中我们注意到，催产素是产期女性释放的一种激素。它还可以作用于脑，驱使人们形成社会性依恋。高水平的催产素与利他行为、慷慨无私、信任和同情之类的亲社会行为的提升有关。因此，我们假设缺乏同情心、反社会的精神病人的催产素水平严重低下。在挪威一家戒备森严的医院里，我和我的团队成员设法对这一假设进行检验。

直接化验人脑中的催产素水平是很不现实的。但大脑中的催产素一旦被释放出来，就会相对快速地进入血液循环系统，最终随尿液排出。测量尿液中的催产素水平，我们就能对大脑中的催产素水平有了相应了解。令我们特别惊讶的是，严重暴力罪犯体内的催产素水平比由医院工作人员组成的控制组水平高出好几倍。另外，暴力罪犯体内的催产素水平与其行为作风的反社会特质分数十分相关。

对于这种十分令人意外的结果，有一些解释十分引人关注，那就是这些罪犯也许曾经滥用过药物导致其催产素水平升高，或者他们并不是真正的严重暴力罪犯。但没有一种解释能站得住脚：首先，所有罪犯都经过定期药物滥用筛查，因此，我们可以肯定这些人没有服用任何违禁药物；其次，这些罪犯的罪行都极其严重，其中还有人背负多起命案。确实，在与这些病人相处的时候会叫人相当不安。这家医院对他们的康复计划颇为自豪，他们安排病人经营室内蛋糕店、制作铸铁门、为摩托车制作精美华丽的皮制行李箱等。一个站在病人旁边的精神病学家悄悄告诉我："跟我们在一起的这个病人曾经捅死了两个人。"而这个病人此时正手持一把凿子似的大刀，准备制作行李箱皮革上的雕花。我退后了几步，提高嗓门，才和这个病人完成交谈。

重刑犯体内的催产素水平很高，这一发现的确在一些现有的文献中得到支持。一些研究显示，焦虑的个体其催产素水平会上升。虽然我们不知道病人有多焦虑，但我们知道一些病人被归类为继发性精神病患者，所以可以假设他们很焦虑。还有的研究认为，催产素水平上升可以同时引发反社会行为和亲社会行为。例如，用鼻子吸入催产素，可以增强人们赢了游戏的满足感和输了游戏的罪恶感。同理，催产素水平上升可以使人们对内群体（同一机构或者同一种族）的人更好，但也会使他们对外群体（来自对手机构或者不同种族）的人更差。

为什么一些人会变成暴力罪犯？是基因还是环境使然

为什么一些人会变成暴力罪犯？这一问题具有重要的社会和政治意义。正如我们之前所提到的，前额叶皮层和颞叶的顶端包括杏仁核在内，特别容易受到闭合性脑损伤的波及。这就不知不觉地进入了一个恶性循环：暴力袭击会导致神经生理的缺陷，这个缺陷会导致人们更容易做出攻击性行为，而攻击性行为又会反过来引发暴力袭击事件，导致前额叶皮层受损等。

很显然，继承了与冷酷无情特质相关的基因，会使人有发展为精神病的倾向。同样，啮齿类动物的选育实验也提供了很好的证据来证明，绝大部分的特质性焦虑是由调节抗利尿素的基因所决定的，而抗利尿素是一种与催产素关系密切的神经肽。如果攻击性和焦虑是有关联的，那么就会为基因导致犯罪倾向提供了另一种方式。

遗传学研究揭示了另外一种基因导致反社会行为的可能方式，很多研究反复考察了控制神经递质的基因。神经递质的基础是一元胺，也就是多巴胺、去甲肾上腺素和 5- 羟色胺，考察这些神经化学机制的部分原因与布鲁纳综合征有关。这种以 20 世纪 90 年代发现者的名字来命名的遗传综合征，来源于一名荷兰大家族中男性成员的易冲动和反社会行为。这名男性成员不论是生气还是沮丧，都会表现出极度的攻击性反应。这一综合征后来被证明是因一元胺氧化酶（MAO）A 编码基因发生突变而导致的。

你也许还记得，一元胺氧化酶能够分解神经末梢中过量的一元胺，这些神经末梢释放的递质还是一种抗抑郁药——一元胺氧化酶抑制剂的作用目标。一元胺氧化酶分为 A、B 两种：B 类只分解多巴胺，而 A 类还会分解去甲肾上腺素和 5- 羟色胺。

现在我们知道，基因能使一元胺氧化酶以两种略有差异的形式存在，具有相同基因的两种不同形式的一元胺氧化酶虽然在组成成分上区别甚微，但它们发挥的效力却大不相同，一种活性极高，而另一种活性较低。低活性的一元胺氧化酶与认知缺陷相关，它减少了颞叶中边缘系统的容量，降低了前额叶皮层的活性。人们认为，这些效应会导致人自我控制力低下，并容易产生反社会行为。

追踪研究显示，低活性一元胺氧化酶本身并不一定导致成年后出现行为问题，导致这一后果产生是基因和环境间的相互影响。这些研究表明，人在孩童时期受到虐待，而且被虐待的人还具有特定类型的基因，很有可能就会导致其出现品行障碍、反社会人格障碍和暴力犯罪。

儿茶酚氧位甲基转移酶（COMT）也能对一元胺进行调节。儿茶酚氧位甲基转移酶能够分解左旋多巴（多巴胺的初期形式）。儿茶酚氧位甲基转移酶抑制剂则被相应地用在对帕金森病的治疗上。虽然人们主要是在大脑之外发现的这种酶，但在多巴胺作用的神经元处如前额叶皮层之类也有少量发现。这种基因的一个特别形态是 Val158Met，它与包括反应抑制障碍在内的执行功能缺陷有关，会导致人反社会行为的表达。还有一些研究表明，负责编码的一种多巴胺受体和 5- 羟色胺转运体的基因如果发生变异，也会导致人易冲动、寻求刺激和犯罪。

现如今，我们还没有完全弄清，这些不同的基因形式到底为什么会对社会行为产生这么大的影响。遗传学的假设是，基因的多态性会影响前额叶皮层内一元胺运载体的活性。前额叶皮层似乎对一元胺的释放水平极度敏感，过多或过少的多巴胺和去甲肾上腺素的活性都会使前额叶皮层丧失有效的功能，这就导致个体更多地依赖边缘系统和脑干中的原始脑结构来调节行为。

自残

在关于头部损伤和袭击的小结中，我一定要提及我妻子的一个病人。这个病人是建筑工地的工人，他的头部受伤是因为自残。他将两枚大钉子钉入一块两米长的木板一端，这块本应马上被置入建筑物中的木板被丢在了地上。不凑巧的是，这个人站在了木板另一端，导致木板飞速翘起，钉子打入了他的脑袋里。令人啧啧称奇的是，由于木板太长，救护人员没法把病人抬进救护车，导致他并不能像预想中的那样可以及时赶到医院。最后，病人的一个胆大的工友将木板锯成了两段，他才被送往医院。一个好消息是，这次事故并没有令病人的大脑有受伤的迹象，其大脑至少没有因钉子而导致的脑伤。

看来大脑中应该存在易被头部损伤损害到的特殊脑区，而一些脑区有损害的人在社会行为的组织中会扮演至关重要的角色。所以，很多创伤性脑损伤的病人会表现出情绪障碍和反应性攻击倾向。与之相反，精神病人则冷酷无情，经常为达到目的而做出工具性攻击行为，这种冷酷无情的特质也受到基因的强烈影响，但正如我们要在第 8 章中所看到的，饮食营养也对人的大脑健康产生巨大影响，饮食不合理也与人的反社会行为有所关联。

第 8 章　食物、营养与脑健康

有一句法国老话是这样说的："我们就是我们所吃的。"我们在这章中会发现，这句话在一定程度上说的是正确的，我们意识到自己的食谱对脑功能有显著影响，营养不良会影响我们的精神健康与社会行为。相反，有证据表明，改善饮食能够减少某些个体中反社会行为的出现。我们也发现复杂的脑机制能够决定我们吃什么、什么时候吃，以及我们为什么停止吃。

进食问题

最可能阻止神经外科手术进行的三件事是：缺少紧急病床，病人服用了阿司匹林（影响血凝），以及从我妻子耳中听到的、最令人火冒三丈的事就是有人给病人喂食了。值得注意的是，所有现代手术前的进食都可能会引发问题，因为手术麻醉会使病人失去咳嗽反射，这意味着任何胃的回流物都会被病人吸入。

具有讽刺意味的是，我们这位神经外科医生自己也有饮食不规律的问题。他经常在诊所关门时或做了一个时间相当长的手术直到下午结束时，才匆匆吃点家里做的三明治。相比之下，学术型的神经生物学者会经常在文件柜的抽屉里放着应急口粮与足球套装。

手术者的饮食问题也同样会延续到他们吃晚餐，尤其在他们赶上戏剧节或晚上需要电话值机的时候。我们不得不提前准备好晚餐的食物，以确保不管日程表是如何安排的，当这个不幸的神经外科医生回到家时，他都能在晚上的任何时候热一下食物，并轻而易举地吃掉它。

脑的食物

脑需要大量能量，这主要反映了离子交换泵是多么需要葡萄糖来保持神经细胞膜处在负电压，以便神经元可以随时准备放电。将释放的神经递质从突触间隙去除的再摄取系统也会使用大量能量，危及葡萄糖对神经元的供应将会引起这些系统失灵，并且会导致第 10 章中所述的神经损伤。

除了这个短时能量需求，脑还需要额外的营养，特别在其发展时期。这些需求包括宏观的营养需求，即蛋白质与碳水化合物，以及微观的营养需求，即少量或微量的维生素和特殊矿物元素。特殊矿物元素包括锌和铁，缺少这些矿物元素可能会对一些包括多巴胺在内的神经递质有长期的消极影响。

限制宏观或微观营养物的输入会影响脑的发育以及未来的行为，特别是当这种限制发生在子宫内胎儿发育时。营养不良会影响胎儿脑的发育，进而会通过干预神经元和神经胶质细胞的发展来改变脑的神经化学平衡，放大神经毒素的潜在危害。

对实验室动物的实验工作已经表明，低蛋白质的饮食与人的多动和更多的攻击行为产生有关。类似地，在极其缺乏色氨酸与氨基酸的条件下长大的实验室动物，在其成年后表现出更多的攻击性，而色氨酸与氨基酸是 5- 羟色胺的合成前体（见第 4 章）。人类的研究同样已经表明，人如果在早期发育中营养缺乏，与之后人的低智力以及反社会行为的产生都有所关联。

荷兰饥饿之冬

由于在全世界范围内营养不良现象依然存在，其导致的消极精神健康与社会行为也可能广泛存在。有将近四分之一的儿童都是在发展中国家长大的，他们的饮食中长期缺少蛋白质、碳水化合物、微量元素锌和铁。

怀孕时的母亲如果挨饿，人们很难预料她未出生的孩子未来成长的后果。目前，很少有仔细考察胎儿长期在子宫内遭受饥饿的后果的相关研究，这在一定程度上是饥饿与贫穷的紧密结合所致，贫困国家没有使人的成长跟上人口的增长。另外，由于饥荒通常持续多年，人们很难找到合适的控制组或对照组，而有一个例外事件是 1944 年至 1945 年的荷兰饥饿之冬。

荷兰饥饿之冬指的是德国在第二次世界大战的最后一个冬季，因其占领西荷兰所导致的饥荒。当时轴心国的军队为了应对当地抵抗武装的行动，阻断了食物分配。随后的饥荒仅仅持续了 5 个月，之后联盟军就解放了这个国家。

与很多饥荒事件不同，荷兰饥饿之冬造成的严重食物短缺迅速开始，但很快也就结束，并且事件发生的地理区域很明确。在食物阻断前后，当地的食物供应量是充足的。另外，荷兰有发展成熟的健康与社会服务，能够追踪这些受到影响的人。这段可怕的插曲具备的独一无二的特点，使其成为研究饥饿对孕妇与未来婴儿生理与精神健康影响的完美条件。

严重的食物匮乏对人类的健康有灾难性的影响，由于营养不良造成的直接后果，使得死亡率飙升。虽然如此，在荷兰饥饿之冬时期，受孕与出生尽管比正常率要低，但也是同时存在。

由于饥饿时期持续了 5 个月，这可能与孕妇严重营养不良对孕期胎儿未来不同阶段的健康影响相匹配。饥饿状态对子宫内的胎儿最显著的影响是其后续的健康问题，包括受损的葡萄糖忍耐性、肥胖、高血压，也增加了患乳腺癌与更早绝经的概率。

饥饿也影响了胎儿神经元的发育与之后成熟脑的功能，增加了胎儿出现精神分裂症、心境障碍与反社会人格障碍的概率。这些不同精神健康问题的出现模式，取决于经历饥荒时的母亲怀孕了多久。母亲怀孕头三个月经历饥荒，胎儿可能会出现与精神分裂相关的症状；母亲怀孕中间三个月和后三个月经历饥荒，胎儿出现情绪障碍的风险会增加。纽格伯尔（Neugebauer）和同事们证实了，母亲怀孕头三个月和中间三个月经历饥荒，会导致男婴在成年期出现反社会人格障碍（ASPD）的风险增加 2.5 倍。

反社会人格障碍

受反社会人格障碍影响的人，表现出不在乎侵犯他人的权力、无情且展示出持续的冲动与易怒的信号。当这种类型的个体是个孩子的时候，人们就能看到他表现出这些异常行为，且这些行为会持续伴随至他成年。反社会人格障碍的个体通常会表现出不能处理挫折，并且倾向于做出攻击性行为与暴力反应。

这种与犯罪有关的情况与精神病有很大的相似性。但是对反社会人格障碍的诊断是基于人的行为特点，而不是人格特质。精神病患者一般是指更小的具有反社会倾向的群体，他们的情绪体验能力存在明显缺陷。与反社会人格障碍者相比（见第 7 章），他们也更可能使用工具性攻击。

人们对反社会人格障碍发生率的估计差别很大，其中男性比女性多 5 倍。在英国，大约有 3% 的成年男性被认为患有反社会人格障碍；但在美国，患有反社会人格障碍的男性估计会达到 6%。监狱的犯人中反社会人格障碍者占有极高的比例，大约有一半的犯人都能达到其诊断标准。

反社会人格障碍与被贫穷养育有关，反社会人格障碍也很有可能使人成为贫穷的父母，使后代受到其影响从而发展成为像他们自己那样，反社会人格障碍同时也受到基因的影响。一些证据指出，反社会人格障碍可能是低水平的 5– 羟色胺（5-HT）与睾酮的相互作用出了问题。

第二次世界大战时，荷兰发生的事与在第一次世界大战时德国发生的事出现了有趣的吻合。英国海军封锁了北海港口，这严重限制了德国国内人的食物供给；再加上农场的劳工被征去当兵，缺少煤，意味着当地产不出多少粮食。结果，1914 年秋季，当地出现了面包和土豆供应短缺。随着战争的进行，问题变得更加严重，1916 年至 1917 年的冬天被称作芜菁之冬，在这段时间里，芜菁代表了人们唯一的营养来源，成千上万的人因与营养不良有关的疾病而死亡。

从荷兰饥饿之冬的发现得到的推断，可以考察德国人口在 30 年前遭受饥饿的效应。德国军队于 1939 年入侵波兰，因此而开始的第二次世界大战中会有大量 20 多岁的招募士兵与志愿者。这些人在第一次世界大战时还在母亲的子宫里，而他们的母亲正在遭受营养不良，人们可能有理由认为，这些年轻士兵中有将近 8% 的人会有反社会人格障碍。人们一想到，这个入侵军队的士兵受到如此高水平反社会人格障碍的影响，就会感到很可怕。

使用饮食补充剂

一个重要的问题是，如果饮食短缺的情况得到改善，那么任何营养不良导致的脑发育问题以及后续认知与行为的表现是否是可逆的。有一些实验性证据表明，小脑的功能会受到营养不良的影响，如果饮食得到改善，这个影响能够被改变。值得注意的是，人在 20 岁出头时前额叶皮层仍然在继续发育，在这个年龄段，不合理的饮食更有可能引发问题，但是同样，如果给予其一定营养是能够恢复的。

几个研究已经考察了早期微量营养缺陷对青春期的个体与成人的影响。这个研究表明，不良少年中有超过三分之一的人缺少铁，对其补充铁或者锌的治疗方法改善了他们认知与行为的损伤，可能会促使他们反社会行为的减少。基于补充剂的治疗被发现，人们能够减少对缺陷多动症（ADHD）冲动性的注意。

在某种程度上，矿物补充剂的有益效果似乎与剂量相关。因此，减少的外部化行为指的是那些可预测的青春期犯罪与成人暴力行为。另外，治疗前处在低水平的儿童对矿物剂的补充效果最好。矿物补充剂也能防护神经有害物（比如铅等重金属）所造成的影响。

微量营养缺失——自由脂肪酸

某些不饱和脂肪酸的缺失可能会导致人产生行为问题与精神疾病。人类合成这些化合物的能力有限，它们也因此被称作必需脂肪酸。人们能利用的脂肪酸叫作 Ω–3 脂肪酸（omiga-3 fatty acids），其中最有趣的三种是在植物中被发现的 ALA、在鱼油中被发现的 EPA 和 DHA，这些脂肪酸对脑发育与神经功能具有重要影响。

DHA 代表了神经元的主要结构成分，并且在运输相关乙酰胆碱与谷氨酸分子中扮演无可替代的角色，其在视网膜的结构中也很关键，光敏感素的功能也依赖于 DHA。低水平的 DHA 与 ADHD 与精神分裂和一些情绪障碍有关，而摄入 Ω–3 脂肪酸补充剂可能会帮助人们减少与这些情况有关的症状。用这些补充剂治疗儿童能够减少其反社会行为与冲动性，虽然这些结果还存在争议。

有关关押犯人的必需脂肪酸数据存在着更多争论。在暴力罪犯中，其 Ω–6 脂肪酸和 Ω–3 脂肪酸的水平更低。在一项非常成功的研究中，人们考察营养补充剂对超过 200 名年轻男性成人罪犯的影响。经过实验者仔细的双盲随机安排，罪犯持续几个月摄入维生素和必需的脂肪酸或安慰剂，报告显示，接受补充剂的个体出现消极行为（包括轻微违规以及更严重的暴力行为）的次数明显减少。

什么决定了我们进食的食物种类

你可能想知道，为什么这些罪犯早些时候没有得到更好的饮食，答案似乎是这是他们自己的选择。尽管提供给犯人的食物与经过国家认证的建议膳食摄入量相一致，但犯人通常会选择缺乏重要营养的食物。例如，犯人对食物的选择导致其对几种包括锌在内的微量元素的消耗不足。当犯人们被询问为什么这么选择时，他们表示自己并不知道该如何组成一个健康的食谱。有趣的是，20 世纪 70 年代一项古老的研究表明，膳食教育是减少犯人再次犯罪的有效方法。

虽然杂食的人类似乎擅长消化多种食物，但他们并不知道应该吃什么。人类像啮齿类动物一样，的确会表现出特定感觉的饱腹感。这就是说，如果盘子里总是只有一种食物时，我们对进食也会感到厌烦。这种行为可能由进化得来，鼓励我们去采集大量不同的食物，使我们尽可能地有摄入不同营养的机会。但特定感觉的饱腹感明显不足以让我们吃得健康。

我们吃什么、什么时候吃，似乎受到很多因素的影响，这些因素中的一部分反映了我们的脑对当前营养需求的解释。例如，如果我们出汗了就想吃点咸的，或者缺少糖类时就去吃点热量高的。但是，有大量的因素反映了，这也受到一些社会因素的影响，比如受到学习甚至人格特点的影响。例如，一项研究已经表明，那些具有寻求感觉刺激特点的人更喜欢吃辛辣的食物。

包括人类在内的许多动物都会表现出恐新症，它们恐惧新的味觉。这种症状与一种学习有关，它被称为味觉厌恶学习。实际上，个体并不知道某种新的食物是否安全。因此，人们采取的一个明智的方法是，咬一块新的食物，然后记住其味道，并且等上几个小时看是否会生病。如果人因此而生病，这种食物以后就不要再吃了；如果人吃后没事的话，这种食物以后还可以多吃点。

味觉厌恶学习是一种经典条件反射，它具有一些不寻常的特点。在巴甫洛夫（Pavlov）最初的工作中，他将中性刺激（铃响）与非条件刺激（食物出现）进行重复配对出现，导致了条件反应的增加，使狗产生了唾液。这种条件反射的鲜明特点包括需要在大量实验中重复呈现刺激，如果非条件刺激与条件刺激同时出现，狗的学习反应会更快；如果非条件刺激（在巴甫洛夫的例子中，这种非条件刺激指的是肉）不再出现，这种条件联结的刺激就被弱化，但反应依然可见，这就是所谓的消退。相对而言，在条件性味觉厌恶中，味觉与疾病的联结只需一次就可形成。另外，在食物出现后的很长一段时间，人才会有生病的感觉，即使人已经吃了好几次这种食物且并没有生病，其反应依然会很强。

除了味觉，感觉上的刺激也能让我们厌恶某种食物。在我不得不去屠宰场从刚被屠宰的牛身上收集脊髓之后，我就好几个月都不想吃肉了。还有一次，因为我工作的实验室里出现的离奇插曲，我再也不想吃鳟鱼了。我的一名同事是一位钓鱼爱好者，他在楼里卖他钓到的鱼，把他的鳟鱼存在实验室的冰箱里。当几名高级健康与安全官员临时检查实验室时，问题出现了。他把鱼放在实验室的冰箱里已经够糟了，而且冰箱里还放着实验用的大脑和含有微弱放射性的化学试剂。当我们意识到这点时，已经没法在别的地方藏这些鱼了。我们被迫把冰箱的插头拔掉，然后把冰箱搬到另一个已经被检查过的实验室里。我们终于摆脱了困境，但我再也不想见到冰冻的鳟鱼了。可能有人会问，为什么当地的健康与安全官员会让这种事情发生，答案就是，这个钓鱼的人就是当地的健康与安全官员之一。

是什么决定了我们何时进食

当营养水平低到一定范围时，就触发了告诉我们该进食的生物信号，而非支配吃饭时间的社会或习得信号。因贮存的营养缺乏引发进食与饥饿感的一个最有力的信号是我们较低的血糖浓度，我们也将其称之为低血糖。释放胰岛素能够引起低血糖状态，因为胰岛素使肝和脂肪细胞从血液里汲取葡萄糖并将其贮存。

我们在脑和肝中都发现了可以检测血糖水平的机制。肝能够评估脂肪酸的新陈代谢水平，人开始和停止进食的生物信号被一连串的神经肽所编码，而消化系统内多个地方均能释放神经肽，并能与脑内特定位置的感受器相连。这些信号形成了复杂控制系统的关键部分，它们不仅能够调节进食的开始与结束，也能将进食与其他心理过程整合，其中包括睡眠、觉醒与成长（见表 8—1）。

表 8—1　引发进食的控制机制

信号	肽	释放位置	目标	行为
预期进食	生长素	胃、胰	脑垂体中的神经肽 Y 与大麻素系统	刺激进食与成长
食物匮乏	阿立新（也被称为下丘脑分泌素）	下丘脑	外部脑区	刺激进食并引起觉醒状态
食物匮乏生长素	神经肽 Y	下丘脑弓状核	下丘脑	引发饥饿，减少焦虑与应激，能够使脂肪组织生长

许多物质，包括一些神经肽，由于血脑屏障的存在不能到达脑内神经元。但是，血脑屏障在几个特定地方是多孔的，包括接近第四脑室下部的有限小孔。这个结构被称作极后区（area postrema），其在血脑屏障之外能够接受胆释放的神经肽。

极后区的神经元与孤束核紧密相连，这个脑干核团接受来自胃肠道及味觉信息的自动输入，它的另外一部分与控制呼吸有关，输出的神经信号传递到下丘脑（旁室核）、杏仁核和脑干中处理味觉信息的臂旁区。

我们什么时候停止进食

进食控制系统一个明显的设计是，其营养水平一旦再存储到正常值时，人就停止进食。但是，在消化已经摄入的食物和营养水平上升之间有一定的时间延迟，因此机体不得不提前产生满足状态。

随着进食过程开始，部分消化的食物从胃进入肠，到达十二指肠的顶端。十二指肠中特定细胞的感受器对增加的葡萄糖、氨基酸、脂肪酸水平都很敏感。这些感受器产生信号，作用到大脑使其产生饱足感，因此人停止进食，胃与胆的相关控制系统也得到激活。

一些产生饱足感的信号通过肽、胆囊收缩剂（CCK）和与极后区受体结合的神经肽 YY 来编码，它们同时也减缓了胃清空的速率，引起胆囊胰腺和胆汁消化酶的释放，降低胃动力（见表 8—2）。胆囊收缩剂也能引发焦虑感。

表 8—2 停止进食的机制

信号	肽	释放位置	目标	行为
十二指肠中探测到葡萄糖、氨基酸、脂肪酸水平的增加	胆囊收缩剂（CCK）	十二指肠	极后区感受器	引发焦虑与饱足感；减缓肠胃清空；释放消化酶与胆汁；减缓胃动力
	神经肽 YY	回肠、结肠	延髓的巨细胞网状核	
甘油三酯的长期水平	瘦素	脂肪细胞	多种目标	引发饱足感；导致食物摄入减少，增加新陈代谢率；阻止食欲和神经肽 Y 引发的饥饿作用

消化系统也能产生一种叫作生长素的肽，它在吃饭之前由胃和胰腺释放，并强烈地促进进食。生长素与其他肽系统相互作用，这些肽系统包括神经肽 Y 以及脑内的大麻素系统。除了刺激进食，生长素常作用于垂体

来刺激生长激素的分泌。

下丘脑释放的另一种刺激进食的肽是食欲肽（也被称为下丘脑分泌素）。释放食欲肽会引发人的觉醒状态和对食物的渴求，患有嗜睡症与缺少这种肽有关。

但是另外一种叫肽的瘦素，它与生长素的作用相反。瘦素通过脂肪细胞产生，当甘油三酯含量提高时被释放。瘦素引发了人的饱足感，导致人对食物的摄入降低，增加新陈代谢速率。瘦素对进食压制行为的发生，部分原因是由于阻断了神经肽 Y 产生的饥饿效应。

人们通过研究一种叫作 OB 老鼠的动物，从而发现了瘦素的功能。这种动物的基因突变，导致其无法产生瘦素。这些老鼠因此变得很胖，其新陈代谢速率较低，并且成年后会得糖尿病。这些老鼠与肥胖的人类有很多相似之处。但是，大部分肥胖的人有高水平的瘦素，但他们无法在生理上做出适当的反应。

厌食症

当人出现厌食症时，显然是他们调节进食的控制机制方面出了问题。患有神经性厌食症的患者表现出复杂的异常行为，这些行为与进食以及他们关于食物和自身体型的不恰当认知有关。患者由于担心自己看起来太胖，他们的体重很低，吃得很少，他们会反复对着镜子检查自己的体型。患者会感到饥饿，一般每天摄入卡路里的量不足正常水平的三分之一。

患者不仅会感到饥饿，而且他们的生理系统也会释放出饥饿信号。例如，厌食症患者会表现出高水平的生长素。他们除了直接出现与食物和体重有关的症状之外，也会出现血钾低、闭经、面部与身体出现汗毛、面颊与关节臃肿等症状，他们身体中的所有器官都能受到之后营养不良的影响。

这种情况似乎带有强烈的遗传成分，患者通常与其他形式的心理疾病共病。例如，抑郁症普遍伴随强迫症（OCD）。

厌食症是可以致命的，可能会导致患者中 10% 的人死亡。对于有生命威胁的患者，人们就要考虑对其进行神经外科手术。这些手术包括深层脑部刺激，以及选择性阻断前额叶与丘脑之间的轴突连接，这种手术特别是在那些与强迫症共病的患者中经常使用。

神经性贪食症

神经性贪食症和神经性厌食症一样，也是一种进食障碍，患者会关注自身体型并且造成自身体重过量。贪食症患者会努力调节自身体重，他们先暴饮暴食，然后再通过呕吐或使用泻药的方式来洗胃。1979 年，一位英国精神病学家杰拉尔德·拉塞尔（Gerald Russell）最早描述了这种情况。

贪食症比厌食症更常见，但不像厌食症那样威胁生命。但是，一些病人会在厌食症与贪食症之间交替发作，造成包括低钾水平等健康问题。贪食症在女性中的发病率为 1%，且常常出现在女性青春期。贪食症在男性中也有发生，但其发病率不到 0.1%。像厌食症一样，贪食症也有强烈的遗传性。

贪食症病人通常表现出共病抑郁以及其他精神问题，这些精神问题包括焦虑、强迫症、物质滥用，病人会伴随有自杀的风险。当前许多观点都认为，厌食症与贪食症的出现是由于女性受到需要漂亮的社会压力的影响。在西方社会，人们的社会性压力就是保持瘦的体型。最近几年，已经出现了媒体驱动的时尚：理想的体型就是越瘦越好。

但是有几项研究已经表明，这种常见的观点可能被过度简化了。这些研究表明，男性对女性的体型偏好存在波动，这种波动在长期与短期均会存在，且与经济困难和饥饿有关。冒着政治风险，佩蒂约翰（Pettijohn）和永贝里（Jungeberg）于 2004 年将 1960 年至 2000 年出现在男性杂志封面的性感女郎与出版时的社会经济情况做了相关调查。当社会经济条件很困难的时代下，出现在封面上的女郎更老、更富态、更高，她们有着粗腰、小眼睛、更大的腰臀比。在相似的研究过程中，斯瓦米（Swami）和托维（Tovee）于 2006 年证实，男性大学生在吃饭前后对女性体型的偏好会发生变化。男性在饭前饥饿的时候，他们偏好更丰满的女性。但是，男性在吃饭之后，他们对女性吸引力的判断更少受到其体型的影响。

我们还不清楚我们的食谱如何对脑功能产生影响，可能由于营养缺陷导致某些脑回路结构完整性的异常。但是，如果我们有更好的饮食，这些缺陷有希望得到改善。在消化系统与脑之间，存在一系列复杂的、相互作用的系统来调节饮食，包括调节我们的进食选择与进食多少，这些系统受到营养水平的调节（如葡萄糖），以及采用生理线索（如肠胃清空）来引发或停止进食。在第 9 章中，我们将关注厌恶情绪，并考虑其如何帮助我们避免进食有害物质，我们也会关注神经生理疾病患者体验情绪上的问题。

第 9 章　厌恶、亨廷顿舞蹈症和特瑞综合征

在本章中，我们所关注的问题是：我们如何体验情绪，尤其是“厌恶”这种情绪。人们之所以产生厌恶感，与有害物理物质和不道德行为有关。纹状体受损的患者群体中，有些人在面对厌恶的刺激时会表现出反应缺失。这些群体包括亨廷顿舞蹈症（Huntington's disease）和特瑞综合征（Tourette's syndrome）病人，我们还会介绍有关这些病人的其他奇怪症状。

药物能治疗人身体上的疾病。我们在很多时候会觉得体液（尤其是别人的体液）很恶心。从字面上来理解，“厌恶”意味着不好的体验。目前，人们普遍认为，这种情绪之所以能在进化的过程中得以保留下来，是因为它有防止我们摄入有害物质的功能。因此，我们尚且做出一个大胆的推测，对于他人体液的厌恶反应是一种很自然的反应，它能保护我们免受他

人的污染。

有一个当神经外科医生的妈妈，这就意味着我们的孩子不得不习惯在吃晚饭时讨论一些令其他人觉得难堪的话题。我们会听到类似鼻窦感染恶化到进入大脑、头部受伤后血肉模糊这些令人厌恶的事例。有时，我们的双胞胎儿子还会问，妈妈的眼镜上是否沾上了血迹，这个时候他们得到的回答往往是“啊，今天的手术确实有点棘手”。说实在的，我妻子很少会这么回答。事实上，当有人问我的妻子为什么会选择当一名脑外科医生时，她比较喜欢回答以下两点：首先，这些病人确实病得很重；其次，脑外科手术很少会涉及血、粪便、呕吐物、尿液这些令人恶心的东西。

与厌恶相关的其他基本情绪

最早提出与厌恶相关科学理论的是查尔斯·达尔文（Charles Darwin）。他早在19世纪时便提出，厌恶跟其他情绪一样，为物种内成员提供了一个进化优势。这种潜在优势的出现是由于情绪的表达能让有用的社会性信息在群体成员之间进行交流，帮助这个社会群体内的成员避免再犯前人犯过的错误。例如，当有人吃了一些变质的食物后表现出厌恶的面部表情时，其他人看到这样的表情就会知道哪些食物不能吃。

20世纪70年代，保罗·艾克曼（Paul Ekman）提出，不管有怎样的种族背景，人们都能对一些面部情绪的表达进行有效的识别。这意味着这些情绪的表达方式是遗传而来的，而不是社会学习的结果。艾克曼认为，这当中一共包含6种独特的情绪，即恐惧（fear）、惊讶（surprise）、愤怒（anger）、悲伤（sadness）、快乐（happiness）、厌恶（disgust）。

什么是厌恶

最初，厌恶被认为与受污染的食物和食用这些食物的风险有关，但现在人们认为，那些提醒我们动物性起源的东西也会引起厌恶感。2013 年，保罗・罗津（Paul Rozi）和乔纳森・海特（Jonathan Haidt）将能够引起人们厌恶反应的刺激细分为 7 个不同领域，包括食物、动物（老鼠、蛆虫、蟑螂）、身体产物、性、身体表层侵害（血液、淤血、肢体残缺）、死亡和卫生。

有证据表明，我们对来自患有传染性疾病个体的污染物有着与生俱来的恐惧，这样的恐惧甚至会导致我们对有非传染性生理缺陷的他人作出不恰当的情绪反应。很多严重的传染性疾病都伴随着一些能够表明某个个体生病的物理特征，这有助于其他人尽量避免与其接触。然而，这样的疾病回避系统有时也会导致我们过于敏感，以至于我们对于没有传染性疾病的身体残疾病人（如断肢）也会作出厌恶的反应，甚至避免跟他们接触。

核心厌恶和道德厌恶的关系

近年来，关于“我们对物理事物的厌恶感到达什么程度会扩展到道德厌恶”这一问题有着不少争论，人们看到类似于某人作弊、目击无辜者受害这样的事件所产生的厌恶感就是道德厌恶。“带有恶意的行为会给人留下坏印象”这一说法就表明了我们对于那些不好的或有潜在危险事情的反应，以及对道德败坏的行为反应存在重叠部分，一些研究结果也证实了这一点。有研究表明，由各类刺激引起的厌恶感都伴随着人相似的面部肌肉收缩。这暗示着，当我们吃到一些不好的东西要把它吐出来时的特定面部表情变化，与我们在面临不道德行为时的面部表情变化是相似的。

来自实验室的研究也有相似的结果。研究者让被试想象他们道德的纯洁度正面临着威胁，在这一条件下，被试想要清洗自己身体的倾向增强，这似乎表明了被试想象清洗自己的身体有助于减轻由不道德行为引起的痛苦感。有人将此称为“麦克白效应”（Macbeth effect），麦克白夫人正是试图通过不停地洗手来宽恕自己的谋杀行为。

然而，并不是所有的研究结果都支持生理上的厌恶感和道德厌恶感之间存在紧密的对应关系这一假设。人们对于物理厌恶刺激的反应存在着性别差异，女性会比男性更加敏感，但对于道德厌恶的反应却没有表现出性别差异。而且，人们对于污染刺激的反应会随着时间的增长而减弱，但是对于道德厌恶刺激的反应则会随着时间的增长而增强。

当我们受到物理厌恶刺激以及道德厌恶刺激时，大脑中一个叫“前岛叶皮层”（anterior insular cortex）的区域便会被激活。这一大脑皮层区域的大部分都隐藏在顶骨和颞叶的皱褶中。脑岛是用于加工味觉信息的主要皮层区域之一，同时，它还接受来自内脏（如心脏和膀胱）的信息。

情绪是如何被体验到的

关于人们是如何体验情绪（包括厌恶）的这个问题存在不少的争论，其中一个比较有影响力的理论是詹姆斯–朗格情绪理论（James-Lange theory）。尽管这一理论已经提出超过100年了，但其至今仍具有重要的影响作用。

该理论认为，所有的情绪都始于某种明显的感觉信息刺激着大脑。在恐惧的情况下，感觉信息可能是一种非条件刺激，即那些我们天生就恐惧的东西，例如蛇、啮齿类动物、狐狸或猫的气味。然而，人类所恐惧的东西中更多的是条件性刺激，也就是说，当我们习得了某些普通刺激与原始恐惧刺激的联结后，这些普通刺激也会引起我们的恐惧感。

这些感觉输入的加工过程会导致由自主神经系统引起的个体生理的快

速变化，以及荷尔蒙释放的改变，这些变化可能包括心率增加、血管舒张、出汗和口干。是这些生理变化给人带来情绪的体验，抑或是情绪体验引起人的生理变化？这是研究者争论的关注点。尽管已有充分的证据来支持詹姆斯－朗格情绪理论模型，但由于其生理反应过于一般化，难以与特定的情绪相联系，这个模型还是受到了不少质疑。对该理论同时代的重新解释强调了角色认知，角色认知受早期经历和社会线索的影响，它能够解释人生理上的变化。

对情绪刺激的快速反应

我们体验情绪的过程是相当缓慢的。原始刺激的感觉信息需要到达大脑皮层，而这些感觉信息需要把生理变化的信息和对即将到来的情绪进行认知标记结合起来才能得到解释。

尽管情绪登记和体验需要一定时间，但是我们对于恐惧相关刺激的反应却非常快，这在某种程度上反映了我们的大脑能够使用原始的快速反应回路对视觉威胁性刺激进行识别和反应。通常来说，视觉信息会先在视网膜进行加工，然后传到丘脑进行进一步加工，之后再传送到大脑后部的枕叶视觉皮层。大脑皮层会对这些信息进行一连串分析，不同的皮层区负责提取视觉刺激的一个特征（见第 10 章）。然而，低级动物不具备大量的大脑皮层。因此，类似青蛙这样的低级动物需要依赖于视顶盖这一结构来对视觉信息进行加工。这些动物没有大脑皮层，因此它们不能对所见的事物进行有意识的理解。来自简单视觉系统的输出信息与青蛙的运动系统直接连接，这让它们对食物（例如苍蝇）和捕食者都能迅速作出反应（见第 1 章）。

简单视觉系统对于人类而言同样具有重要意义。上丘与视网膜直接连接，它是人类简单视觉系统的神经基础（见下面专栏中的图 9—1）。它的主要功能是发现突然出现的、尤其是来自外周视野的视觉刺激，让个体准确地定位刺激，使更高级的皮层系统进一步加工，以便了解该刺激到底是什么。

专栏

两个视觉系统

我们有意识的视觉体验，反映了视觉皮层的视觉信息加工过程；而我们对于突然出现的视觉信息的无意识反应，反映了上丘更原始的活动。

绝大多数携带着来自眼睛终端视网膜视觉信息的轴突位于丘脑，其被称为外侧膝状体（见图 9—1）。来自丘脑的投射随后将信息传送到初级视觉皮层，以进行下一步的加工。只有当信息在皮层进行加工时，我们才能对感觉器官侦察到的刺激有意识地加以鉴别。

然而，仍有相当一小部分的轴突从视网膜直接连接到上丘，这是一个位于脑干的原始视觉结构。上丘能够对突然出现的视觉刺激、尤其是视野外的刺激迅速地作出反应，让头部和眼睛朝向刺激准确定位。上丘还能通过与杏仁核的连接促进恐惧反应的诱发，这一过程能非常快速地发生在无意识水平。

专栏

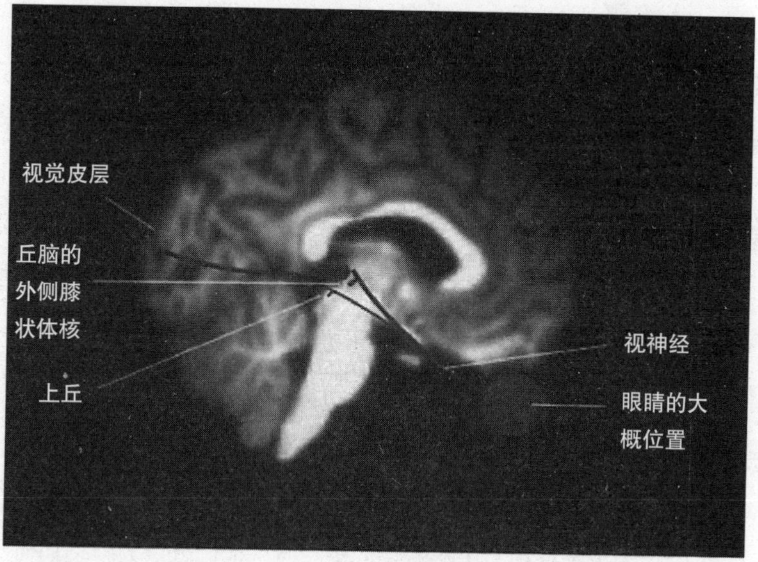

图 9—1　两个视觉系统

通常来说，我们无法意识到原始视觉系统的存在，因为它处于潜意识层面，但它的功能却在一小群病人身上以戏剧性的方式呈现着。这些病人的视觉皮层受到大范围的损伤，但其大脑的其他部位仍然保持完整。这些病人视觉皮层的缺损意味着他们不能体验到任何视觉意识，尽管他们的眼睛仍然能够正常地工作。因此，他们宣称自己失明，而且自己表现得好像真的没有视觉意识。然而，这些表面上看起来失明的病人却有正确指出突然出现的视觉刺激的神奇能力，这是因为他们集中在上丘原始皮层下的视觉系统仍然能正常地发挥作用。因此，在某种程度上来说，尽管他们失明却能够看到东西，这一奇怪的综合征由一个矛盾的修饰词来命名——“盲视”（blindsight）。

在哺乳动物体内，上丘和杏仁核直接连接，该脑区负责组织恐惧反应。这意味着，引起恐惧的视觉刺激信息能够快速地传送到杏仁核，恐惧反应也不需要任何皮层的参与。以我的个人经历举个例子，这来源于我小时候当报童的亲身经历。有一次，当我正准备把一份报纸放进信箱的时候，有个动物突然从房子的侧面走出来。它一边凶猛地吠叫，一边以飞快的速度冲向我。我什么都没想，立刻作出反应。几分钟后，我才发现自己向后跃过了花园的一堵矮墙，我蜷缩着身体，恐惧得全身都在颤抖，这个时候我才感觉到害怕。当我的皮层视觉系统推断出凶猛的吠叫声来自一只比仓鼠大不了多少的狗时，取而代之的情绪感受就是尴尬了。

亨廷顿舞蹈症

20世纪90年代初，当人们意识到患亨廷顿舞蹈症（Huntington's disease）的病人很难处理与厌恶有关的信息时，他们就对大脑是如何编码厌恶信息这一问题越发感兴趣。一般认为，所有类型的情绪都由一个共同的神经环路所驱动。但是，亨廷顿舞蹈症患者的大脑病变主要会影响纹状体，这是一种在此之前没有在情绪处理过程中提到过的脑结构。这就出现了这样一种可能：纹状体环路掌管与厌恶相关的信息，而杏仁核掌管与恐惧相关的情绪信息。

亨廷顿舞蹈症是一种可致死的神经退行性遗传病。亨廷顿舞蹈症几乎不受环境因素的影响，所以如果有人遗传了有关基因，就会导致其发病。在各个国家中，大约有万分之一的人患有不同程度的亨廷顿舞蹈症。

这种病最显著的症状是患者会不停活动，还会伴有精神、认知和情绪方面的问题。患者表现出的异常扭动也叫“舞蹈症”，随着病情的恶化，病人会渐渐出现肌张力失常，动作也变得更加僵硬。病人的运动协调性会变得越来越差，可能会死于因无法活动而产生的并发症，比如急性肺炎。病人肌肉运动的症状会伴随着情绪和认知的恶化（其中包括偏执型精神病），并最终导致痴呆。

虽然早在 1993 年，亨廷顿舞蹈症的基因就被测序，但是至今仍然没有针对该病症的有效治疗手段，药物治疗往往也只能缓解病症。不幸的是，亨廷顿舞蹈症病人只有在 40 岁出头时，其病症通常才会变得明显，而此时他们也许都已经成家立业，这就意味着他们的孩子有一半的可能遗传了这种致病基因。

亨廷顿舞蹈症是令人最难以想象的疾病之一，患者要是知道自己罹患了这种绝症可能会被吓疯。另外，他们也许已经目睹了父母的遭遇，并会去想象将来可能会发生在自己子女身上的不幸。尽管如此，单从学术的角度来看，这种病十分有意思。

亨廷顿舞蹈症具有传染性这一问题本身就具有极大的吸引力。关于这种病的描述可以追溯到中世纪。一些研究者称有证据证明，这种致病基因的突变来源于 14 世纪住在德国南部黑森林的一个人身上。对该病的第一份现代描述，是由乔治・亨廷顿（George Huntington）在 1872 年作出的，并以发现者的名字命名了该病。他注意到这种疾病会影响几代人，并意识到其一定具有遗传性。之后在 20 世纪早期，查尔斯・达文波特（Charles Davenport）对美国西海岸感染该病的家庭进行了谱系研究，发现这些家庭具有几个共同的祖先。其他继续进行此研究的人也表示，这种病是 1630 年由从萨福克去新大陆的三兄弟带到美国的。还有人推测，以前受亨廷顿舞蹈症症状折磨的人可能会被冠以巫师的名号，这可能是导致塞伦女巫案（Salem witch trials）发生的原因。有趣的是，达文波特是优生学的早期倡导者，他致力于通过对一些人推行强制绝育而阻止某些疾病和不良特质的传播。他认为，亨廷顿舞蹈症患者就是应该被绝育的人群之一。

亨廷顿舞蹈症的原发性病理是以纹状体的退化为核心（详见第 1 章图 1—6）。一开始，这种退化仅限于纹状体中一种特殊的叫作中型多棘的神经元。变异基因的特点是会发生过量的 CAG 核苷酸重复，生成一种异常蛋白质——亨廷顿蛋白，其有可能会干扰线粒体向细胞提供能量，这也就导致了所谓的基因病理性难题。虽然病人身体中所有细胞都具有病变基因，但是其病理却很有限。这一难题的答案可能是由于纹状体细胞的异常能量需求，因为它们需要能量来维持静息状态，而静息状态会产生一种异常大的负电位。

人们对变异基因的识别使得对亨廷顿舞蹈症的一种预测性检验得以发展。这意味着我们有可能去决定高危个体（双亲中至少有一人患病的个体）是否会在病症出现之前遏制该疾病，让使用遗传咨询方法减少该类人群的出生成为可能。这种方法成败参半。对高危人群的研究表明，很多致病基因的携带者和非携带者都会从这类测试中受益，他们可以免除不必要的担心或为不可避免的不幸未来做好打算。然而，一些人更愿意什么也不知道。另外，还有一些人不愿意参加测试，因为他们害怕被家庭所抛弃；由于道德和宗教的因素，有些人不能通过人流这种纯粹从医学来看可行的方法终止妊娠。人们发现，亨廷顿舞蹈症患者与杏仁核受损的患者不同，他们不能识别恐惧的面部表情。对亨廷顿舞蹈症患者的进一步研究表明，他们不能识别的是厌恶的语调。而另一个研究证明，患有亨廷顿舞蹈症的人对于厌恶的气味、带有厌恶情绪的语音以及对厌恶图片分类的识别都有相关缺陷。

在对亨廷顿舞蹈症患者的研究中，我们发现其对厌恶感知的缺陷还会迁移到奇怪的味觉组合上。神经系统完好的个体可能会十分喜欢巧克力饼干、糖、奶酪以及酸辣酱各自的味道，或者喜欢饼干加糖的组合、奶酪和酸辣酱的组合，但他们会觉得巧克力加酸辣酱的组合与奶酪加糖的组合十分恶心。但是对于亨廷顿舞蹈症患者来说，不管这些味道怎么组合，他们都十分享受。

强迫症

我们在亨廷顿舞蹈症患者身上所看到的厌恶感知缺陷，同样也可以在强迫症（obsessive compulsive disorder，OCD）患者身上看到，这可能反映出两种疾病具有以纹状体功能异常为核心的共同神经生理问题。强迫症焦虑障碍患者的特点是，他们会产生不安和担心的侵入式思维或者妄想，并伴有为减轻这种焦虑而进行的重复性行为或强迫性行为。在强迫症焦虑障碍病人还处于儿童时期时，这种症状就会表现出来，其中有 2.5% 的人在一生中的某一时期都曾有过这些症状。

这些症状可以分成两大类：一种症状是病人会产生强迫性的思维和与清洁相关的举动，还有一种症状是病人的举动与检查和清点有关。病人产生这种清洁的冲动，可能与其对污垢的病态式恐惧有关，这种过分的恐惧也许是他们对厌恶感知缺陷的补偿。

虽然病人通常知道这种强迫行为并不理智，但是这些病症还是会严重打乱他们的日常生活，这与那些没有意识到这种疾病的患者截然不同。

据说，很多学者的性格中都有强迫症的因素，这可能会对他们的学术研究有多方面的好处，比如他们会制订详细的研究计划、高度集中以及乐于追求细节。从这一点上来讲，我们或许可以说，科学家都有厌恶感知缺陷。但是，在我们这些人中并非所有受此病症折磨的人都会被合作者或者同事所察觉。像很多神经生理科学实验室一样，在我们实验室里有个专门用来烘干玻璃器皿的烤箱。几年前，我们的一个同事觉得那是个烘干壁球服上的汗的完美场所。这倒不要紧，但是我们当时已经常用这个烤箱来热午餐馅饼。我跟其他实验室的人谈起了这个可能会让人觉得恶心的问题，这个人居然自豪地向我展示他如何在通风柜里系晾衣绳来晾足球服上的汗，真是长江后浪推前浪。

厌恶感会对我们的社会行为产生十分复杂的影响，我们进化出厌恶反应是为了防止感染。但是，我们有时为了能够以亲密的距离生活在一起，也不得不克服厌恶情绪。实验研究显示，我们觉得近亲或者亲密同伴的体味比陌生人的体味更容易忍受。这让我想起了一个搞医学的同事曾经跟我说的话："世界上有两种大便，一种是自己的，另一种是别人的。"已经有实验证明了这一论断的正确性。人们对妈妈们进行的一项单盲测试显示，她们觉得自己孩子的粪便气味要比其他无关孩子的粪便气味更容易忍受。这在进化的角度来讲是说得通的，因为近亲都会暴露在相似的病菌之中，或许有着亲密关系的同伴之间也不得不跨越与之相似的自然障碍。事实上，据说重度强迫症患者往往会对性关系感到不满足，他们中很少有人结婚。

虔诚笃信宗教的人士常常具有高厌恶敏感度，持有保守政治理念的人士也会如此。同理，饮酒会降低厌恶敏感度。虽然人们尚不清楚饮酒是否会影响政治观点，但其的确会影响饮食习惯。之前，位于北方医学院后的一家很著名的餐饮机构就可以提供很好的例证。在 20 世纪七八十年代，这家普拉萨 24 小时咖啡店为无数学生提供了一道印度比尔亚尼菜。它由一中盘米饭和一点肉组成，人们还可以根据自己的口味选择酱汁，有清淡的、适中的、重口的、变态重口和查理特供几种口味，酱汁的颜色从浅绿到深红等各种各样。而有节制的人从来都不会去这家餐厅吃饭。

特瑞综合征

患有特瑞综合征（Tourette's）的病人也会出现让人厌恶的问题。与强迫症类似，特瑞综合征可能反映了大脑中连接纹状体和皮层回路的功能性问题，但令人失望的是，目前还没有足够的病理学证据来确切地表明，大脑内部到底发生了什么。

法国内科医生吉勒斯德拉图雷特（Gilles de la Tourette）首次对特瑞综合征进行命名，这是一种以抽搐为特征的障碍，具有很强的遗传倾向，并且在男性身上发生的概率远高于女性，其相关症状最初会出现在病人的儿童时期（7 岁左右），随着病人年龄的增长症状会慢慢消散。但是，有些成年病人的症状会严重到对他们的生活质量造成明显影响。

特瑞综合征造成的抽搐可能是机动性的，如面部抽搐和眨眼；也可能是声音性的，包括打呼噜、清嗓和犬吠。这种抽搐的强度会随着时间的推移而发生变化，抽搐也会从病人身体的某个部位转移到其他部位。这些病人解释，他们尽管能够暂时压抑这种抽搐的表达，但还是会意识到自己有做出抽搐的需求；而当他们允许自己抽搐的时候，会感到如释重负，这就像催促自己赶紧挠痒一样。此外，病人还会表现出模仿他人言语的症状，即他们会不停地重复他人的话语，也会不停地重复自己说的话。

人们很难用一个确切的数字来描述特瑞综合征的发病率，因为当病人的这些症状表现较轻时很难被诊断出来。有些研究预计，特瑞综合征在儿童身上的发病率约为 1%。特瑞综合征往往还会伴随强迫症和注意缺陷多动障碍（ADHD），可能因为与该病症厌恶缺陷真正相关的是强迫症的症状，而不是抽搐。

目前，人们仍不完全清楚为什么有些儿童会发展出特瑞综合征。正如前面所提到的，该病症具有很强的遗传成分，但对于是遗传的什么东西导致了该病症易感性的增加，人们却所知甚少，这可能反映了个体对自身免疫的应答。在受到链球菌感染后，易感性个体可能会有强烈的反应；但对于其他人而言，这也许只会引起他们喉咙肿痛。易感性个体如果携带某种特定基因，将会发展出纹状体和相关脑结构的抗体，抗体会对这些特定的脑结构造成损伤。而与此类似的一个免疫反应是由西德纳姆舞蹈症所引起的（Sydenham's chorea），该病症会引起复杂的急性关节风湿病。人们将这一类型的自身免疫反应统称为与链球菌感染相关的儿科自身免疫性神经精神障碍（PANDAS）。

特瑞综合征最有名的一种症状大概就是秽语症，秽语症是指个体无意识地在自己的话语中加入一些禁忌的词语和短语。然而，仅有 20% 左右的特瑞综合征病人患有这一症状。特瑞综合征病人同时还会受名为非淫秽社会不恰当行为的影响，非淫秽社会不恰当行为表面看起来跟秽语症很像，但实际与秽语症很不一样，它是在预后（NOSIs）出现。

污秽言语的表达通常由某个特定的词语构成，这个词会在语境中被病人大声地说出来，同时还会伴随着猥亵行为，如粗鲁的手势。我们的研究表明，污秽言语似乎经常出现在对话的间歇，而这时的病人一般正处于思考中。例如，当问一个秽语症病人是否要喝咖啡的时候，对话可能会是这样的：

“要喝咖啡吗？”

“好的，谢谢。”

“要白咖啡还是黑咖啡？”

“呃……该死的……白咖啡吧，谢谢。”

从上面的例子我们可知，秽语症中的补充词语与个体当时所处的社会情境以及要说的话没有任何关系。但预后与此相反，患者的症状有更复杂的表达构成，还与社会情境直接相关。我们有一个病人没有在约定的时候候诊，原因是他在前往诊所的途中无法控制自己不停地说“开火”。当他面对警察的质疑时，他无法抑制自己对警察的辱骂，但他情绪爆发的背后并没有任何恶意。这就好像病人被强迫地表达出在他们脑海里浮现出来的非常不恰当的想法。

咒骂语

由于在工作中有机会接触到特瑞综合征病人，这引起了我对咒骂语的兴趣。特瑞综合征病人用于咒骂的词语和引起厌恶反应的事物之间存在着有趣的重叠，这些词语中包括与体液、性行为、死亡相关的概念和宗教的某些方面。已经有不少研究去探讨咒骂语言学，有相关研究将咒骂语分为诅咒语、相关词汇以及生殖器词语。其他研究则从偏重历史观点的角度出发，将咒骂语分为超自然能力、恐怖事件、种族和民族侮辱几种。而全世界范围内的大多数特瑞综合征病人，对这些术语的使用呈现出高度的一致性。但也有例外，我遇到过来自秘鲁的特瑞综合征病人，他们会用“给我咖啡”(serve me coffee) 作为污秽咒骂语，但在英语中“给我倒杯茶”(pour me a cuppa) 似乎并没有这样的意思。

人们对有关言语障碍病人的研究表明，他们咒骂行为的产生与一般正常说话的产生不一样。言语障碍是一种由大脑特定区域机能障碍所引起的言语理解和（或）表达障碍，它通常是由于脑卒中而导致的。大脑损伤或萎缩区域的不同，会引起不同的言语障碍和相应症状。

言语障碍有几种类型，其中包括表达型言语障碍和接受型言语障碍。表达型言语障碍患者表现为语言产生能力的下降；而接受型言语障碍患者则表现为难以理解书面语和口头语，但却能按照正常的语法说话。表达型言语障碍与位于大脑左半球额叶的布罗卡区的损伤有关，而接受型言语障碍则与位于左半球颞叶的威尔尼克区的损伤有关。大脑右半球同样区域的损伤也会带来一定程度的语言障碍，但其严重程度要比左半球同样区域的损伤轻很多。大脑左半球具有的这种语言功能的偏侧性特点，使其被称为言语优势半球。

患有严重言语障碍的病人有时也能保持言语能力，这种被称为“自动语言”（automatic speech）。自动语言是指个体无需意识的努力参与就能产生不同词语或短语的言语表达，其中包括人们在填补间歇时用到的词语，如“呃”和“嗯”、数字和日期；此外，还包括咒骂语，也许是因为当个体在思考时，咒骂具有一定的意义。咒骂语的产生通常伴随着突然出现的不愉快事件，如砖头砸到某人的脚趾上，在这种情况下，人已经没有多余的意识去努力寻找适合的词语或用正确的语法来说话。因此，在情绪如此超负荷的情景下，正常的语言产生机制很有可能处于短路状态。

人会出现自动语言的情况是相当罕见的，但我想起我妻子的一个病人。这个病人由于脑卒中导致不能正常说话，他只能说一个词——“该死的”。他和别人的对话是由一连串“该死的”组成的，他在其中使用了不同的语调和节奏来表达想表达的意思。脑卒中还导致他表现出慢性疼痛症状，这是由丘脑损伤所引起的。他送了一幅自己画的画给我妻子，以此表达自己对她努力治疗病症的感激之情。唉，脑卒中同时还损害了他画画的能力，这也更突显了他的诚意。然而，这表明了他在脑卒中之前是一个专业的艺术家。实际上，他曾经因为伪造名作而被判处监禁。

曾经有一个德国学生向我指出，一些用于咒骂的词语已经被嵌入到我们的日常生活用语中。她抱怨道，我们的美国交换生非常喜欢用“shit”这个词。她列举了一系列人们普遍使用的包含“shit”的说法，如“Good shit，bad shit，no shit，get your shit together，in the shit，goes like shit，holy shit”。我坦诚地表达了对她列举的这些词语的厌恶感。但她继续抱怨道，我们有些英国人也是这样，只不过他们将“shit ”换成了“piss”而已。她又列举了一系列带有“piss”的短语，包括“a piss up，get pissed，pissing it down，pissed on，pissed off，pissing it up the hill，pissing in the wind”。我不得不承认，她说得有道理。

尴尬的体液

有关厌恶的最后一点研究是，人们不得不承认，有不少医师已将自己的工作和生活都专注于对体液的研究，但生物学家并没有因此就对该问题置之不理。青少年时期时，我就在药物公司的实验室里度过了几个愉快的暑假。有一年，我在一个药物代谢实验室工作，工作内容是让志愿者服下测试药品，随后分析个体的体液以寻找化学药品的代谢。我通常用于分析的体液包括血浆、尿液、粪便，当你倒霉的时候，甚至有可能是呕吐物。早期，我刚到实验室的时候就被要求去采集一些控制尿液样本，以便与服过药物的志愿者的尿液进行对比。有个同事直接扔了一个瓶子给我，让我去采集尿液。我当时非常害怕和害羞，尝试以自己刚到实验室没多久为借口来推脱，而我得到的回答却是“不用担心，只需要站在厕所外面，然后采集第一个人的尿液就行了，但需要确定这些人没有服用过测试药物”。我无法面对让一个有资质的男同事去采集尿液样本的尴尬，于是想尽办法按要求去完成任务。当我采集完样本回到实验室时，我满脸通红。“太棒了！”他们说，“现在回去，然后采集一份女性志愿者的尿液样本回来。”当你的工作跟大脑有关时，你至少不会经常遇到这样尴尬的问题。

我们的情绪似乎反映了自己对情绪刺激引起的自身生理反应的解释，不同神经回路在情绪加工过程中扮演着不同角色。杏仁核对于恐惧反应的产生很重要，而纹状体则在我们体验厌恶时发挥着作用。在第 10 章中，我们会关注脑卒中发生的原因，以及与脑卒中相关的皮层区域损伤会引起什么特定缺陷。

第 10 章　脑细胞死亡、脑干死亡和死亡

本章我们围绕死亡这个黑色主题展开。在这章中，我们会关注脑干死亡，并思考什么是判断脑干死亡的标准，以及如何通过人工手段来延续脑干死亡患者的生命，即使他们用以控制机体最为基础性的和关键活动的那部分脑干已经失去作用。我们也会在本章中关注脑卒中，来思考是什么决定了脑卒中所遗留的缺陷性质，同时一起探索导致脑卒中患者神经元死亡的细胞活动。

扩大的瞳孔

有时，我们会在人们的电话交谈中听到“固定瞳孔放大”之类的短语。而在我的妻子和她的同事看来，有人出现类似状况通常会引发他们一系列的强烈反应。因为当患者出现此症状时，意味着他们的瞳孔已处于非常扩散的状态，即使光线射入眼睛，他们的瞳孔也不会因此缩小。而正常

人的瞳孔则会对光作出自主收缩反应，这个反应就是已知的光反射，人缺少类似的自动反射是一个很糟糕的信号，这意味着原本正常流向眼睛虹膜处的神经在离开大脑时便已受到损害。当人颅内压力上升到一个极度危险的水平时也会发生这种情形，如果颅内压力没有快速地恢复正常，死亡就会随之而来。由此可见，固定瞳孔放大确实意味着人脑干的死亡。

在临床领域，脑干死亡是指脑最原始的那部分脑区不再发挥作用。这些神经结构的正常运行对于包括正常呼吸在内的基本生命机制至关重要。在某种程度上，人们需要人为地运用科技保证人体功能可以正常发挥作用，其中就包括一个能够保证人体肺部正常进行气体交换的呼吸机。而当诸如大脑皮层等高级脑结构中的复杂系统也失去作用时，患者就会直接陷入昏迷。在这种状态下，医生已经可以发布患者即将死亡的合法声明。至于该患者是否有器官捐赠的可能性，医院或许需要与其直系亲属商讨后才能决定。

光反射是脑干反射的一个例子。脑干反射与脊反射不同，它既不包含脊椎的参与，也不包含任何更高级的脑部结构的参与。相反，脑干反射更多地使用脑干中最原始的脑回路。这些反射能否正常发挥作用，被视为判断脑干是否死亡的一种途径。与光反射有类似性质，且已被验证过的条件反射还有角膜反射、疼痛反射、眼前庭发射、咳嗽/呕反射以及呼吸反射。

瞳孔的大小由位于虹膜处的环状肌（即虹膜括约肌）所决定，它由与横纹肌截然不同的平滑肌组成。横纹肌或骨骼肌中包含一种可以使身体某个部分自主移动的收缩纤维。平滑肌是无需意识控制的，在这个意义上，我们不需要过多的意志去努力控制它。它其实不仅仅只分布于虹膜，在血管壁、膀胱、子宫、内脏和生殖系统中都有分布。平滑肌的收缩是由自主神经系统（ANS）所控制的。

自主神经系统控制了人身体的许多自发过程，其中包括瞳孔大小的变化、唾液分泌、流汗、排尿及性唤起活动等。虽然这些动作多半不需要意识努力就能发生，但我们也能在一定程度上对其加以控制，比如排尿和呼吸。虽然在很大程度上，自主神经系统可以独立于意识来努力自动发挥作用，但它仍需要获取余下脑区发出的信息。举例来说，当我们暴露在一个可怕的刺激之下时，自主神经系统会自动调节生理变化来帮助我们应对“战斗或逃跑”的反应，但它需要预先判断出该刺激属于害怕刺激，这种联合性的行动由位于脑干上方的下丘脑所控制。正如我们已知的，下丘脑控制了大部分激素系统，并从边缘系统中接受大量关于个人动机状态的输入。

自主神经系统

大多数由自主神经系统控制的身体器官会获取两种神经输入，这个过程通常是以一种拮抗方式进行，一种神经输入使平滑肌收缩，而另一种则使其放松。一个值得注意的例外是性功能，它是由两种神经输入共同作用的结果。双神经输入是由自主神经系统的两个不同部分所决定的：交感神经分系统与副交感神经分系统。一般说来，交感神经系统可以迅速加快身体的反应。比如在害怕反应中，交感神经分系统会从内脏和皮肤中抽取血液输送至骨骼肌，同时扩张肺部的支气管，增加心率和心肌的收缩性，并收缩肠道和膀胱处的括约肌，抑制肠蠕动并使瞳孔扩张。与之相反，副交感神经系统则在害怕情绪诱发的刺激过去之后，帮助人体逐渐平复下来。

从自主神经系统发出至目标身体器官的神经输入包含一连串两类神经元。第一类细胞体叫节前神经元（神经节是神经细胞体的集合），它们分布在大脑或脊椎之中。第二类细胞体位于韧带，叫节后神经元，分布在韧带外部。节后神经元的轴突突触在平滑肌上面。对于交感神经来说，去甲肾上腺素是此类突触经常要用到的神经递质，而乙酰胆碱（Ach）则在副交感神经系统中发挥作用。

对于交感神经系统来说，这些节前神经元的细胞体分布在胸椎和腰椎。自主神经系统中副交感神经分系统的节前神经元实际上分布在交感神经的顶端和尾端。自主神经系统中的节前神经元有一部分位于脑干，它们参与对呼吸、恶心、咳嗽、呕吐及吞咽反射的控制过程；其余的则位于脊椎的骶骨区域，它们服务于直肠、膀胱及生殖器。交感系统倾向于以一种较为统一的方式活动，这样许多目标器官才能同时会受到影响。因此，当我们感到害怕时，我们的心率、呼吸、肤色以及排泄的需要同时发生变化。而副交感神经则倾向于以渐进的方式重新恢复身体的平衡，我们的呼吸频率会在心率变化之后慢慢恢复正常。交感神经分支协同运动的产生源于不同神经之间的交互影响，位于交感神经系统且邻近分布的第二神经元细胞体会促进这种影响，这就形成了所谓的交感神经节链条，它主要沿着脊椎的中央部分即胸椎分布。

脑干反射和脑干死亡检验

在正常情况下，瞳孔的大小由位于脊椎的交感自主神经系统输入与位于脑干的中脑副交感输入交互控制，随后的神经输入会传输至第三颅内神经元，即眼动神经元，这个神经元的主要功能是控制眼睛移动（参考见第4章图4—1）并将指令发给一个叫作动眼神经副核的小结构中去。如果脑出现肿胀，且颅压力上升，便会导致第三神经被摧毁（参考见下面专栏中图10—1），这会导致交感输入处于优势地位，从而引起瞳孔出现固定放大的现象。

专栏

光反射

瞳孔的大小由自主神经系统中交感与副交感神经系统输入至虹膜环状肌之间的平衡活动所控制。交感神经输入至虹膜环状肌的活动导致瞳孔增大，这些神经元使用的神经递质是去甲肾上腺素（NA）。交感神经输入至虹膜的动作被在第三脑神经（即动眼神经）中运行的副交感神经输入所牵制，这些副交感神经元使用的神经递质是乙酰胆碱（见图 10—1）。

当副交感神经输入无法抵达虹膜时，比如因颅内压升高而导致神经在离开头骨时受损，会使交感输入处于优势地位并导致固定瞳孔放大。与之类似，在眼中滴入含有乙酰胆碱拮抗剂的阿托品（亦即曾被叫作“颠茄”的物质），能够阻止副交感神经输入至虹膜的动作，并因此导致暂时性的瞳孔扩张。

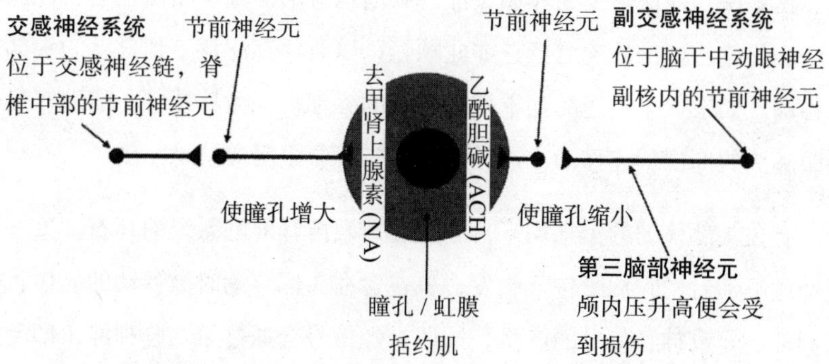

图 10—1　光反射

眼角膜反射是指当角膜被触碰时眼睑自动关闭的现象。在日常生活中，如果灰尘等异物进入眼睛时，我们便可以体验到这一反射。通常情况下，角膜被触碰的感受会通过第五脑神经（即三叉神经）传送至脑干。正如我们在讲三叉神经痛时（参考见第 4 章）所提到的，此神经元可以处理人体面部及牙部的痛觉信息。至于关闭眼睑这一运动，则由第七脑神经或者说是面部神经来进行加工，当脑干死亡时，这一简单保护机制也会随之失去效力。我们通过在眼睛上方靠近鼻部的头骨凹陷处进行施压来检验三叉神经的痛觉传导属性，这种压力在学术上称作眶上压。在通常情况下，眶上压会使我们产生退缩反应。运动信息由面部神经元携带，使得面部肌肉受面部表情的支配。

其他已经被验证过的脑干反射还包括前庭眼反射，这些反射还包括内耳中可生成头部位置感觉信息的前庭系统，以及控制眼睛移动的神经回路之间的相互作用。脑在协调眼部和头部移动上分外地敏捷，亦即眼部可以通过自发移动来补偿头部的移动，从而将图像固定保持在视觉区域的中央。比如说，即使你现在移动头部，眼前这页书的视觉图像也会在你注视的中心位置。这一系统运行得如此顺畅，以致你都注意不到自己的头部正在移动。如果一个昏迷的脑干死亡患者的头部被轻微移动时，他的双眼也会跟随头的部位一起移动，这被称为消极玩偶眼反应。

有关头部移动的信息均来自半规管以及内耳前庭系统的耳石。这些系统经过解剖后，它们既包含头发，也包含在头部移动时被移动的晶体，而它们都会导致神经信号的产生，这些神经信号会通过第八脑神经（即前庭耳蜗神经，它同时有直接将声音信息转送至大脑的作用）传递至脑干。运动成分来自三种大脑神经，即眼动神经、滑车神经以及外展神经。该系统的完整性可以通过热量反射测试来进行检验，测试方法包括用冷水或者热水冲洗外耳使内耳的液体降温或升温。通常这种做法会带来一个错误的指示，即是因头部的移动才导致了眼睛的移动。

脑干死亡检验也包括测试咽反射。当触碰人的舌部或者咽部的后部时，咽部肌肉在正常情况下会出现反射性收缩，类似反射包括能在不引起窒息反应的条件下做出吞咽动作。咽反射的感觉部分是由第九脑神经、舌咽神经和迷走神经（或叫第十脑神经）的运动成分来进行加工的。

最后，如果脑干死亡患者不与呼吸机相连，他便无法自发地进行呼吸，这反映出失效的呼吸反射要依赖于骨髓深处呼吸中枢神经回路的正常作用。

维也纳

很难找到比脑干死亡还要不稳定的黑暗主题了。然而，大约几年前，我和我的前同事前往布达佩斯参加一个会议。他将要在这次会议上作关于脑干对心血管功能控制的研究报告。我们的返程之旅始于乘列车从布达佩斯抵达维也纳，当地人会将维也纳的名字写作“Wien”，虽然他们还是读作“Venn”。我的同事在咨询台处询问如何才能预定到去“Venn”的票。这位前台接待员头也不抬地回复：“Venn？”“Yes,Venn.”我的同事答道。接待员说：“No,Venn.”“Yes,Venn.”我的同事礼貌而又坚持地说道。“No,Venn！”接待员竟又如此回复，不过这次他看起来非常生气地盯着我们。“Yes,Venn.”我的同事焦躁地回答。“No,Venn.”前台接待员的叫喊引起了周围旅客的注意。“Venn 的去程票能赶上那该死的火车吗？”

脑干死亡的成因

诚然，有很多原因可能会导致病人的脑干死亡。正如我们能预见的，脑干死亡中比较常见的原因是头部伤害，其次还有肿瘤，我们会在第 11 章中对其进行分析。此外，脑卒中也是脑干死亡的普遍原因之一。

脑卒中

脑卒中是由部分脑区供血不足所引起的疾病。大脑区域的氧气被剥夺之后会导致许多病态细胞的活动。人体绝大部分组织能在无氧条件下通过无氧呼吸存活一段时间，无氧呼吸会生成乳酸。不幸的是，神经元却不能接触一点儿乳酸，它的生存完全依赖于有氧呼吸。神经元大概缺氧 60 秒便会停止正常运行，神经元组织缺氧 3 个小时便会遭受无法复原的损伤，而其中死亡的脑组织便会形成一处处血液无法抵达的梗塞区。

脑卒中会导致患者的死亡，即使是幸运存活下来的患者也会存在不同程度的神经缺陷，其神经缺陷的具体表现则由脑部梗塞区的面积及精确位置决定。根据引起血液供应失常原因的不同，脑卒中可以被分成两大类，即缺血性脑卒中与出血性脑卒中。

缺血性脑卒中是其中最普遍的类型，通常由脑血管堵塞所诱发。正在脑局部形成的血块，以及身体某处已存在的、尤其是在心脏区域的血块或血栓都有可能引发脑卒中。因此，处于危险中的患者会服用如阿司匹林等抗血小板药物来防止血液结块。讽刺的是，我妻子经常会抱怨自己应对不了这类病人，他们会因为忘记适时地停止服用阿司匹林而增加其身体在治疗过程中出血的风险。

通过药物能够消解缺血性脑卒中血块的形成，从而避免梗塞状况的出现。而出血性脑卒中比缺血性脑卒中少见得多，它是由于脑血管破裂所导致的，通常发生在大脑的深层结构之中，尤其在基底神经节中最为常见。出血性脑卒中通常会给患者带来一些扩散性症状，为防止出血状况的重复出现，医生需要降低病人的高血压。有时病人的脑血块会占据颅骨中的大量空间，导致脑内压升高到最危险的水平。在这种情况下，病人需要通过手术将其中的血块移除。

在一个难忘的夜晚，我的妻子接到了一位预约血块移除手术病人的电话。该手术最后被确定为第二天的首台手术，但是手术中心很快发现，本已预留好的手术室同时被一名整形医生预订了，于是当天晚上的剩余时间都被关于哪位医生具有手术室优先使用权的热烈电话讨论所占据。奇怪的是，那位医生的专长是做阴茎整形手术。关于这个故事我有一个绝妙的想象，如果媒体会关注这个事件，他们或许可以使用“愚蠢的大脑把阴茎手术的重要性排在大脑手术前面”（Dick brain puts dicks before brains）作为头条。万幸的是，事情并没有按照这一假想发生，人们的理智占了上风，对急症的治疗优先于为选举做准备的手术。

脑卒中后的缺陷

我们在第 7 章中讨论头部伤害时看到，封闭性脑伤患者最容易受到损害的是其额极和颞极。这类脑局部区域表现出的脆弱性并非是导致遍及整个大脑皮层及皮质下结构出现局部失血症状的主因。一些站在研究视角上的心理学家，对脑卒中患者因顶叶及颞叶受损所引起的忽视、失认等奇怪的综合征尤其感兴趣。

在半脑忽视症中，患者的一半脑区尤其是顶叶区受到损伤时，他们便会因注意缺陷而无法留意到与受损脑区相反方向的躯体。患者们可能会忽略视觉区域的另外一侧，仿佛它们并不存在。举例来说，当要求病人们描绘一个闹钟时，他们只会画出它的一半；他们会忽略一页纸上另一边的文字；他们不能刮去另一面脸上的胡子。

遭遇失认症的患者通常识别物体及人脸的能力会受到损害，即使他们的感觉系统并没有缺陷。其中一种最引人注目的失认症类型是人面失认症或叫脸盲症。脸盲症患者区别静物的能力未被损坏，但他们却不能正确识别人脸。这种具有高度特异性的缺陷提示我们，大脑已经进化出专门用于处理识别面孔任务的神经回路。枕叶和颞叶结合点皮层组织受损会引发失认症，反映出这些区域在加工高级视觉信息时的重要作用。视觉信息的加工开始于枕叶后端一个被称作 V1 的区域，这些信息随后会被传递至临近的区域 V2（参考见下面专栏中的图 10—2）。在这一点上，视觉信息被分成了两个分离的回路或叫信息通路：一条信息向上进入所谓的背侧通路，另一条信息则向下进入腹侧通路，每一条信息通路都包含可以从视觉输入中提取特定类型信息的多个区域。最终背侧通路向上传至后顶叶区，主要参与处理和移动有关的视觉信息；而腹侧通路则到达相反方向的前枕叶皮层，参与物体识别活动。

专栏

视觉皮层区域

视觉皮层的感觉加工是以特定皮质区域处理特定视觉信息这一阶梯式的方式发生的。

视觉信息的处理开始于大脑皮层上的初级视觉皮层，亦即 V1 区（也被称为纹状皮层）。处理后的信息被传递到一个临近的区域 V2。V2 输出的结果被分成两部分，一部分传输至背部（向上）皮质区域，另一部分则传输至腹侧（低级的）皮质区域。前者包含背侧通路，后者则包括腹侧通路。

背侧通路主要提取与移动相关的信息。这个系统运行非常快，它与视杆细胞的活动有关，而且能够指导视觉的移动。背部通路向上传至一个被称作 V5 的颞叶区域及后顶叶皮层，其中也包含丘脑外侧膝状体核中级中较大的或大细胞神经元。这些神经元拥有大量的感受野。

专栏

腹侧通路则往反方向到达颞前皮层中与物体识别有关的 V4 区域。此系统与视网膜的视锥细胞，以及与拥有更小感受野的核丘脑外侧的较小膝状体或小细胞神经元之间有着紧密联系。

这两条分开的视觉通路有时也被称为“去哪里系统”与“是什么系统”。

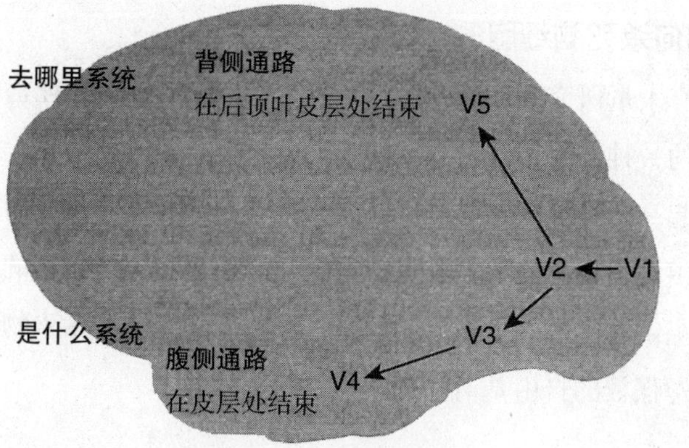

图 10—2　视觉皮层区域

脑卒中后神经元恢复及其可塑性

脑卒中之后，一些神经的功能是可以恢复的。在绝大多数情况下，因缺氧而导致死亡的神经元并不会被替代。然而，也有极少的例外，正如我们在第 10 章中所描述的现象。脑卒中会随着血脑屏障的变化而发作，这种变化会使液体及蛋白质离开血管并占据神经元细胞外的空间，进而导致一种被称作血管性水肿的扩张性肿胀症状的出现。这种肿胀症状会导致其余的部分健康神经元也会停止发挥作用，随着在接下来的几天或几周之内肿胀慢慢消退，它们的功能也逐渐恢复正常。

一些神经功能的恢复也可以在较长时期内发生，这可以反映在对现有神经连接的加强上，其出现也相对较快。而在更长的一段时期内，新的连接能够通过轴突出芽的方式建立起来。一群死亡的神经元能够在没有神经输入的情况下离开另一个皮层区，这在大脑皮层上是可见的。在这些情况下，邻近脑区的轴突可以趁机涌入。例如，当一个视觉皮层区域受到损伤时，我们发现在听觉和躯体感觉皮层上的突触会出现补偿性的增加。

失血是如何杀死脑细胞的

已经有大量研究都在试图搞清缺氧是如何导致神经元死亡的。正如前面所提到的，神经元不能与由脑细胞无氧呼吸产生的乳酸发生接触。缺氧同样会引起高活性混合物的产生，如自由基及活性氧物质，而这两种物质都会导致组织损伤，使用具有类似自由基清除剂和抗氧化剂的药物或许能为神经元提供有限的保护。讽刺的是，尼古丁作为抗雌激素物质，同时也是一种非常强效的自由基清除剂。

自由基过量可导致神经元的坏死性死亡。因为神经元的细胞膜会被自由基破坏，使细胞内的物质散播出来，进而扰乱周围细胞正常地发挥作用。自由基同时能够触发基因的表达，从而导致细胞的程序性死亡或第11章所描述的细胞凋亡。

另一个在脑卒中过程中损坏神经的主要原因是由于神经递质谷氨酸的运动。与此同时，一些人宣称，大脑中的神经元没有一个不接收谷氨酸的输入。尽管谷氨酸很普通，但这种化学物质对神经元却是极度有害的。

在梗塞区周围一个被称作缺血半影区的区域，包含着一些虽被损坏却有可能恢复活力的组织。当氧气供应不足时，谷氨酸再吸收转运蛋白会从突触开始失效时自发地清除它。突触中兴奋性递质的形成，导致谷氨酸盐受体受到过度刺激，从而使更多的谷氨酸盐被释放。

其实谷氨酸受体有很多，其中有一种叫作 N– 甲基 –D– 天冬氨酸（NMDA）受体。这些受体控制了一个钙离子通道。钙离子是细胞内强力的第二信使，它们是细胞表面（初级信号装置）及细胞内部复杂机制之间的一个接触面。第二信使能极大地放大细胞表面的信号。钙离子像谷氨酸一样也是有毒性的，因此细胞需要通过钙结合蛋白去管理钙离子水平。在脑卒中期间被轰炸的神经元导致了与 N– 甲基 –D– 天冬氨酸受体相连的钙离子通道的开启，随之向内涌入的钙离子冲击了那些调节机制，进而导致若干钙依赖性酶的活跃。酶会消化细胞的蛋白质、脂质以及细胞膜，从而对它们造成损害，同样它们也会引起细胞的凋亡。

在 N– 甲基 –D– 天冬氨酸受体中活跃的谷氨酸，引发了除脑卒中之外 d 在一系列神经元受损。状态性癫痫是一种严重癫痫，脑在这种情况下会陷入持续抽搐状态。病人如果经常性地癫痫发作，会将巨大的能量需求施加于神经元之上，进而危害谷氨酶的转运。在帕金森病人和亨廷顿舞蹈症病人身上也发现有抽搐症状，这可能被归因于谷氨酸神经中毒。抽搐症状在一些病理学中被提及是阿兹海默病所具有的特性。

阿兹海默病有三个病理学特征，包括 tau 蛋白神经细胞缠结、淀粉样蛋白斑以及胆碱能神经元在基底前脑上的缺失（参照第 12 章讲述的关于最后一个特征的意义）。tau 蛋白神经细胞缠结是一种叫作“tau”的蛋白质所进行的非常纤细的丝状过程。tau 是与微管相关的水溶性蛋白质。大分子通过轴突，在微管系统中被上下来回输送。而阿兹海默病患者体内的 tau 上附着了太多磷酸基，以至于不能从溶液中析出后聚集在一起形成缠结，这会让神经元的功能消失并最终导致死亡。淀粉样蛋白斑比缠结的体积要大，它分布在神经元的外部，通过与分布在附近的谷氨酸相互作用，从而诱发神经元的中毒反应。

N- 甲基 -D- 天冬氨酸受体的正常功能

这看起来似乎很奇怪，在选择竞争中拔得头筹、在大脑中无处不在且被大量使用的兴奋性递质竟然是剧毒化合物谷氨酸。这必然要有一个合适的理由，一个只要你足够仔细就能找到的理由。包括 N- 甲基 -D- 天冬氨酸受体在内的谷氨酸，其传输似乎处在多种学习形式及可塑性的中心位置，因此，谷氨酸或许在脆弱性与灵活性之间存在着一些权衡关系。一些研究者已经实验性地提出，像谷氨酸和钙离子这类有毒的化学物质需要由控制性较好的常规性程序来管控，而严格的控制机制或许与控制学习的系统正好完美契合。

长时程增强

如今，人们可以确切地说，当我们去学习某样东西时，一定会导致大脑的某处区域发生物理性的变化。理论模型已经表明，突触会因学习行为的产生而发生改变。因此不管何时，只要我们在学习，两个神经元间突触联系的强度便会增加，这种强度的增加会在突触后膜对一个神经元放电输入反应时，其电荷规模增长而有所体现。此类信号的增强反应是个有据可查的电生理现象，这被称作长时程增强或者叫 LTP。长时程增强由钙离子的运动而产生，这些钙离子通过与 N- 甲基 -D- 天冬氨酸受体相关的钙离子通道进入神经元。钙离子会驱动许多细胞内进程，一些钙离子也会导致神经元结构的改变，这种改变就成为了突触效应增长的基础。这种类型的离子通道非常特别，谷氨酸中 N- 甲基 -D- 天冬氨酸受体受到的刺激不足以打开它，相反，这个钙离子通道需要分布在其附近的其他类型的谷氨酸受体同时被激活才能被打开（参考见下面专栏中的内容）。离子通道的开启改变了细胞膜的电信号状态。这个需要同步反应的要求保证了钙离子通道不能轻易运行，它往往只有当不同事件暂时一致时才会被打开，这种属性对于一个学习装置来说非常有用。

长时程增强已经在对海马的研究中被广泛讨论过了，海马是一个被认为与记忆高度相关的结构，作为厌恶条件反射生理基础的杏仁核中也已被证实存在长时程增强。此外，长时程增强在为奖励行为编码的多巴胺系统中也有分布。在多巴胺系统中，神经元突触敏感性的改变已经被提议作为药物成瘾的一个模型。虽然 N– 甲基 –D– 天冬氨酸受体中不存在长时程增强，但它同样在视觉皮层的发展中起到关键性的作用，尤其是当决定眼睛以哪个皮层为神经基础的时候。

人们能否通过阻断谷氨酸和钙离子导致的神经中毒反应，从而降低脑卒中所带来的损害？这一可能性已经被广泛地研究。事实上，这种可能性已经在脑卒中病的实验模型中被验证。该模型使用了包括 MK801 和 AP5 在内的一系列 N– 甲基 –D– 天冬氨酸受体拮抗剂，然而，N– 甲基 –D– 天冬氨酸受体拮抗剂在临床实验中的疗效却令人失望，此类药物的潜在疗效或许被它们的副作用所影响，可见 N– 甲基 –D– 天冬氨酸受体在许多程序中扮演的基础性角色并不令人惊讶。

关于神经保护的其他途径，我们则着眼于理解免疫系统中的要素，尤其是一种叫作白细胞介素 –1 的细胞因子（或者叫信号分子）是如何引起身体的炎症反应，并因此导致脑卒中时神经元受损及其他形式的脑部损伤。

总之，脑干死亡是以脑干反射失灵为特征的，这些原始反射的运行独立于脊髓和控制我们许多基本过程的更高级的脑结构，其中最重要的那部分脑干反射能够帮助自主神经系统控制内脏的一些功能。脑卒中是导致神经元死亡的主要原因，其他包括神经递质谷氨酸在内的化学物质也是导致部分神经元死亡的原因。脑卒中之后，由于肿胀的减少和脑中新的神经元联系的建立，一些神经元的功能还有恢复的可能性。我们在第 11 章中会对脑内的再生力量进行一个更详细的观察，同时思考神经系统最初是如何形成的。

专栏

N– 甲基 –D– 天冬氨酸接收器

N– 甲基 –D– 天冬氨酸受体控制了一个具有独特属性的离子通道。当谷氨酸与 N– 甲基 –D– 天冬氨酸受体结合时，能够开启相关的钙离子通道。钙离子会试图进入神经元内，但却由于在离子通道内发挥可逆栓作用的镁离子的存在而不被获许进入（参考见图 10—3）。钙离子通过消除离子通道附近的神经细胞膜驱走镁离子，然后才能打开这个通道。因此，与 N– 甲基 –D– 天冬氨酸受体相关的钙离子通道是配体 – 门控通道。

许多细胞内发生的过程都是由钙依赖性酶所控制，当钙进入神经元时便可以激活这些酶。这一行为可能导致细胞的变化，进而影响突触效率的变化。这一过程被称作长时电位，长时电位被认为是记忆信息的基础。激活另一组神经元钙依赖性酶则会导致神经元的自我毁灭。

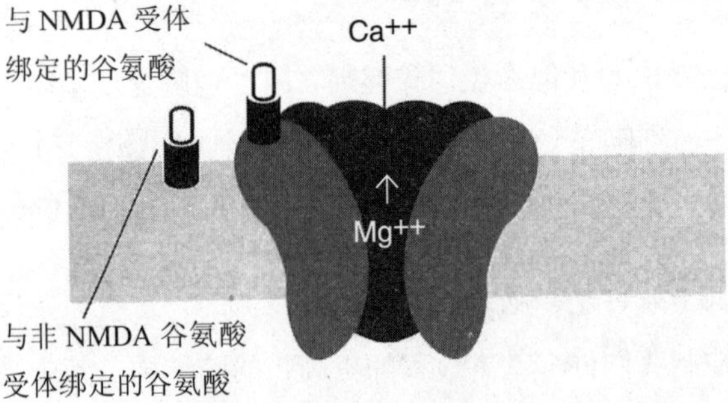

图 10—3　长时电位受体

第 11 章　神经发育、再生和重塑

在本章中，我们将关注大脑是如何发育的及其可塑性，它们都与对新环境的反应和从损伤中恢复有关。我们可以看到，同外周神经系统（PNS）神经元相比，中枢神经系统（CNS）神经元的再生能力较弱。我们也关注大脑细胞的组成，以及程序性细胞死亡在组成神经环路中的作用。我们还会回顾青春期脑结构的改变，并思考这些改变如何影响社会行为以及性别差异。

外周神经系统和中枢神经系统

很多年前，我们在旅途中遇到一个荷兰家庭，他们在得知我的妻子是一名医生之后感到很惊讶。我们解释说，这种情况在英国很常见。“不，不是这样的，”他们回答道，“我们只是不明白，如果你是一名医生，为什么你的女儿还咳嗽得这么厉害。”众所周知，医生对自己孩子的病情看得很严肃，尤其是在病情严重到威胁生命时，这种效应会被放大。我已经嘲笑了我的妻子，因为她识别出了疾病的三种类型：很不好——至少过了这周才会好；致命的——你活不过今晚了；没什么事——你为什么要来浪费我的时间。这无疑是一个粗俗的夸张说法，尽管如此，我们孩子的学校考勤簿记录还是可以作为示范的。也就是说，当孩子生重病时，有一个当神经外科医生的妈妈是有优势的。

在某个周六吃午饭时，我的妻子发现双胞胎男孩中的一个显得吃饭很困难。她立即诊断他为贝尔麻痹，一点时间都没耽误就带他去了儿童医院。这种及时的诊断和随后快速的处理，可能有助于孩子完全康复。

贝尔麻痹是一种面部部分麻痹，是由一种叫作第七或面部神经的脑神经停止正常工作而引起的（见第 4 章）。面部神经的主要工作是控制面部肌肉，这些肌肉负责产生表情，尽管它也向副交感神经系统提供自主神经系统的泪腺和唾液腺输入信息。此外，它还通过舌头的前半部分传递味觉信息。贝尔麻痹患者通常只有一半面部会受到影响，但也会使其进食、尤其是喝水变得困难。

这种病症是以查尔斯·贝尔（Charles Bell）命名的，他是一名苏格兰外科医生，19 世纪早期也在爱丁堡教授解剖学。贝尔指出，当地医生由于嫉妒自己的早期成就，使他在爱丁堡进行的实践被禁止。这迫使他搬到伦敦，在那里建立了自己的私人手术室和解剖学校。他经常外出做战地医生，但由于在滑铁卢之战中给伤员截肢后造成其 90% 的死亡率而受到非难。然而，在 1829 年，他展示了三名麻痹病人的案例，研究的就是现在以他命名的病症。

人的面部神经出现故障可能是因为肿胀，肿胀会导致神经在穿过颅骨内的小洞时受到压迫。然而，神经也可以退化到某种程度。这个问题最有可能的原因是由病毒引起的，而在大部分情况下的罪魁祸首可能是疱疹或带状疱疹。当肿胀消退时，大部分病人可以完全康复，神经也会再生。皮质类固醇可以帮助消退肿胀，尤其是在肿胀早期时使用还可以恢复功能。抗病毒药物如阿昔洛韦也能起到类似作用。

而有一小部分病人的神经再生会偏离轨道，导致奇异的并发症，这类病人叫作鳄鱼的眼泪症候群。病人由于外周面部神经的分支再生，泪腺就会与本该控制唾液腺的神经相连，导致那些不幸的病人在吃饭时分泌唾液。庆幸的是，我们治疗的病人都完全康复了，他们并没有错过上学的时间。

面部神经是外周神经系统（PNS）的一部分。外周神经系统是由所有的脊神经以及两种脑神经（嗅神经和视神经）组成。与此相对的是，中枢神经系统是由大脑和脊髓组成。

外周神经系统中受损的神经确实有一些重生或再生的能力，比如贝尔麻痹中损害的神经。但是，中枢神经系统的恢复能力却很低。这种再生能力的不同反映了神经胶质的类型不同，神经胶质通常附着在神经元上并形成髓鞘。在中枢神经系统中，这种功能是由少突细胞（oligodendrocyte）执行的；而在外周神经系统中，这种功能是由施万细胞（schwann cell）执行的（见下面专栏中的图 11—1）。

专栏

中枢神经系统和外周神经系统中轴突的髓鞘形成

很多轴突被包围在由髓磷脂形成的鞘中。这种脂肪物质扮演着电绝缘体，并且帮助提高动作电位沿轴突传导的速度。穿过神经细胞膜进行的离子交换只能发生在髓鞘间隙，这种现象沿着轴突周期性地发生，并且被称作郎飞氏结（nodes of Ranvier）。这种安排使动作电位跳跃式地从一个节点传递到另一个节点，这个过程就叫作跳跃式传导。

髓鞘在外周神经系统中是由郎飞氏结组成的，每个施万细胞（Schwann cell）围绕着单个轴突长成螺旋状（见图 11—1）。相反，髓鞘在中枢神经系统中由一种叫作少突细胞的神经胶质细胞组成，每个少突细胞分出几个分支，每个分支都是螺旋状围绕着一个轴突。在外周神经系统中，施万细胞通过对靶子进行再生长而使受损的轴突重生。而在中枢神经系统中，轴突的再生却由于受损的胶质疤痕组织而受到阻碍。

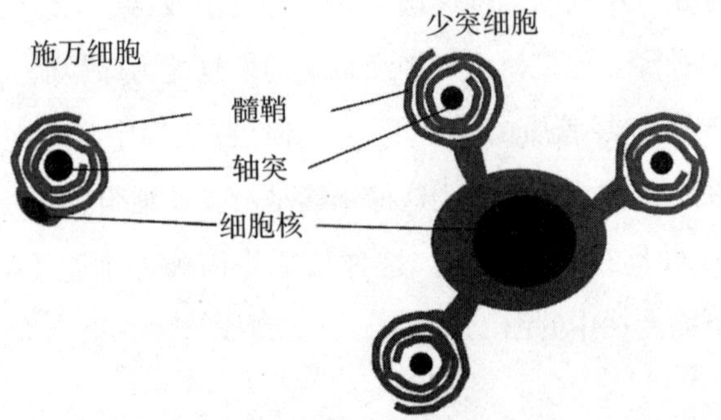

图 11—1　中枢神经系统和外周神经系统中轴突的髓鞘形成

当外周神经系统中的轴突被切断时，包括吞噬细胞在内的细胞向受损的部位移动，并且开始吞噬碎片。被切断的轴突靠近细胞主体的一端也就是近端会膨胀、退化一部分，然后使轴突朝向远端生长，这一生长过程是由施万细胞释放的化学因子控制和指导的。然而，被切断的轴突远端同时也会经过一个叫作沃勒变性的过程退化。再生则需要轴突通过神经内膜管的路径萌发成原来的样子，神经内膜管是围绕着轴突和髓鞘起连接作用的管道。外周神经系统中的再生有时也可以通过手术来完成，这个手术需要去除受损部位，然后再重新排列受损神经末端。

相反，在中枢神经系统中，神经胶质产生的某些因子会抑制轴突的修复。胶质疤痕主要来自于星形胶质细胞，它也会阻碍轴突的生长，抑制这些胶质疤痕的形成可以帮助中枢神经系统中的神经细胞再生。然而，在髓鞘中可观察到的神经细胞再生数量是很有限的，这些可以在多发性硬化症中观察到。多发性硬化症是一种关于中枢神经系统的自身免疫系统疾病，这些病人自身的免疫系统会攻击自己的髓鞘，而负责产生和维持髓鞘的少突细胞受到损害，会导致疤痕的形成。这种疤痕也叫作巩膜或斑块，它最终会导致轴突的损坏。这个过程部分是由免疫系统的基础所驱动，通常会被中枢神经系统排斥，但可通过影响血脑屏障功能的疾病而获得通往脑的途径。这些免疫系统细胞可以引起中枢神经系统的大量炎症。在这些疾病的早期阶段，幸存的少突细胞可以在某种程度上重建髓鞘，因此可以有一定量的再生。但是，髓鞘再生的潜能会受到多次攻击的损坏，因为受损的轴突附近会形成疤痕。

总之，成年人中枢神经系统再生的可能性受到前面所述的髓鞘再生的限制、突触形成后连接的变化和后续章节中所描述的脑卒中后所能看到的末梢和树突变化的影响。这些都遵守一个准则：你不能替换已经失去的神经细胞。但也有很多例外，其中之一就包括海马——大脑中与空间记忆有关的区域。

马奎尔（Maguire）和他的同事在2000年发表了一篇关于脑成像的研究，考察了伦敦出租车司机的海马。这项研究表明，出租车司机的海马比非出租车司机的海马体积更大。此外，海马体积还与出租车司机从事这项工作的年限有关。由于海马对人的空间定位很重要，这项研究认为，某些大脑区域至少可以根据工作需要变得更大。我们不知道海马结构变大的原因是什么，有可能是末梢和树突所引起的，但也有可能是海马内的齿状回保留了成年人产生新神经元的能力。神经的形成，也就是新神经元产生的另一个地方是脑室下区，它位于靠近纹状体的侧脑室壁。很多新生的神经元移动到嗅球，完全进入到侦测和识别味觉信息的神经回路中。

成年人脑中神经再生的发现，对很多神经科学家来说都是一个惊喜，人们也用了很多年才接受了这个事实。神经再生最早的证据是由约瑟夫·奥特曼（Joseph Altman）在20世纪60年代早期呈现的，但是很少有人把这当回事，因为人们认为大脑无法产生新神经元的观点已经根深蒂固。但在20世纪90年代晚期，伊丽莎白·古尔德（Elizabeth Gould）说明了成年老鼠和灵长类动物的海马区域产生了新神经元。此外，弗雷德·盖奇（Fred Gage）和他的同事们在对人的研究中也有了相似发现，他们研究癌症患者，这些患者正在经历一个可以考察肿瘤以多快的速度形成的过程。这个过程需要用到一种叫作溴脱氧尿苷（BrdU）的温和的放射性物质，它是一种胸苷的类似物，是四种DNA核苷酸中的一种。放射性物质溴脱氧尿苷进入到海马神经元的DNA中，意味着这种DNA肯定是最近才合成的，因此，这些神经元也肯定是最近生成的。这些病人中的一部分人正在经历病情的最终阶段，这意味着在其去世后人们可以研究他们的脑。

绝大多数神经元的生长都发生在出生前，早期神经元的发展是由胚胎干细胞主导的。这些原始的细胞被认为是能分化的，也就是说，它们有能力发展成任何形式的细胞。干细胞产生祖细胞，祖细胞可以产生更有限品种的细胞，而后一种形式的细胞通过迁移和分裂来产生后代。

近年来，干细胞吸引了人们的大量关注，由于它们有能力自我更新，因此有潜能修复任何形式的损伤。脐带含有丰富的干细胞，它在理论上可以在人出生后被储藏起来以备将来修复所需。成体神经干细胞是干细胞的一种特殊形态，它们位于成年人大脑的室下区和齿状回，其有能力根据局部情况进行分裂以产生新的神经元或神经胶质。

胚胎中神经系统的形成需要神经元的产生，其之后会迁移到发展中大脑的正确位置，进而和其他神经元形成连接。这个过程开始于受精卵有丝分裂形成的结构——神经板，它是由干细胞组成的。这个过程发生在发育的第三周末期，神经板继续生长折叠形成神经管。新生成的神经元从神经板迁移出去，它们的路径受到化学物质的引导，化学物质要么吸引、要么排斥这些神经元。另一组化学物质叫作细胞黏附分子，它们使这些到达正确位置的神经元聚集在一起。这些神经元一旦到达正确位置，就开始产生轴突和树突。发展中的轴突尖端叫作生长锥，它们会沿着路径生长。这些路径是依据另一组化学物质而制定的，这些化学物质由位于生长路线上的细胞来释放。当轴突到达目的地，它就形成了与其他神经元的突触连接。

神经管代表形成了中枢神经系统的基本结构。这个中空的神经管慢慢地分化成三种囊泡，三种囊泡继续形成沿脊髓的三个中枢神经系统的主要部分：前脑、中脑和后脑。大脑半球、丘脑和下丘脑则是从核前凹陷的第

6周左右开始形成。

位于神经管中央的中空管仍是大脑发育并进一步形成脑室系统的基础，脑室系统是一系列相互联系的室，这些室内充满了脑脊液（CSF）。然而，大脑半球会随着大脑发育而出现弹性和扩张性，意味着这个管会发展成一个很奇怪的形状。在前脑部分，中央管继续发育形成两个侧脑室，每个大脑半球各有一个（见第6章图6—1）。侧脑室大概类似于大脑半球的四个叶，它们张开进入另一个腔——第三脑室。第三脑室位于丘脑和下丘脑的中间，与第四脑室相连。第四脑室位于脑桥/髓质的顶部和小脑的底部之间，它通过一条很窄的管贯穿中脑。

脑脊液（CSF）是由被称作脉络丛（choroid plexus）的脑室内壁衬里所产生的。它从脑室流出，通过一些细小的开口进入到蛛网膜下腔，在这里，它包围着整个大脑和脊髓的外表面。脑脊液的样本可以通过腰椎穿刺获得，从而达到研究和诊断的目的，比如，可用其诊断脑膜炎以及用于研究。

这些脑髓液液体会通过像手指一样的流程被蛛网膜下腔所吸收，然后返回到血液系统。脑室系统堵塞会引起脑脊液积攒，从而导致颅内压升高，形成脑积水，这在儿童中是一种常见情况。脑积水的成分曾经被认为只有水，患脑积水的人大脑受到压迫会导致其痉挛和智力缺陷。患脑积水的儿童可能会有一个不正常的大脑袋，由于其颅内压升高，导致颅骨也会扩张。对脑积水的治疗包括插入一根导管到脑室内，导管的另一端植入腹腔，在这里积液会被清空。这些治疗脑积水的系统类似于分流器，其有益于缓解大脑的堵塞，并且经常需要改进，这令我的妻子非常恼火。值得注意的是，在某种程度上，第一个分流器是由一名儿童文学作家罗尔德·达尔（Roald Dahl）发明的。他对此装置的发明兴趣来自于他4个月大的儿子，这个孩子于 1960 年的一场交通事故中受到严重的脑损伤。这种分流器被叫作 WDT（Wade-Dahl-Till）系统。

细胞死亡

确保正确数量的神经元迁移到正确的位置，并与最理想数量的目标神经元建立突触，这是一个难度很大的任务。任务涉及的神经元数量是庞大的，不可能通过基因将高度复杂的网络模式编码得很好且详尽。神经发育不是天生的，而是来自于粗略的基因决定计划，然后由具体的生化环境所塑造。

这个加工的发生是通过一个明显很奇怪的过程，这个过程中，大量过剩的神经元被制造出来，其中有很多又被剔除掉。剔除它们的过程包含使一种程序化的细胞死亡，这种过程叫作程序性细胞死亡。在细胞死亡中，特殊的基因被激活，这个过程实际上是拆除这些细胞的过程，可以发生在几乎所有多细胞有机体的所有细胞中。这个死亡过程是井然有序的，意味着剩余的死亡细胞可以被吞噬细胞吞没。这保证了组织间隙不被溢出的细胞内溶物破坏，而创伤性细胞死亡或坏死会破坏组织间隙。更重要的是，这种情况也不会产生炎症。

人们通过研究一种细小的、透明的蛔虫——新杆状线虫，已经阐明了关于细胞死亡的很多分子机制，每个造出成年动物细胞分裂过程的分子机制都已被研究出来。简单的神经系统恰好由 302 个神经元组成，很多调节这些过程的基因在更高等的动物中包括人类有等效作用。

高等动物所用的窍门是找出最有用的神经元并保持下来，以及通过细胞死亡除掉最应该去掉的神经元。这个选择的过程是由一组叫作神经营养因子的化学因子所控制。这些化学因子扮演着存活因子的角色，它们包括脑源性神经营养因子（BDNF，目前我们已经发现此种因子与抑郁症有关）、神经生长因子（NGF）以及很多其他因子。

根据维克多·汉伯格（Victor Hamburger）和丽塔·列维－蒙塔尔奇尼（Rita Levi-Montalcini）提出的关于神经发育的神经营养学假说，发育中的神经系统的神经元需要竞争由目标神经元释放的有限数量的神经营养因子（见下面专栏中的内容）。不能获得足够营养的神经营养因子会激活分子级联，从而导致缺少营养的神经元死亡。营养因子会被附近的目标神经元从细胞间隙中吸收，然后通过轴突转运回细胞体。

如果轴突长成了错误的目标，它就会吸收错的营养因子，从而导致神经元杀死自己。如果很多轴突都到达了同一个目标，附近将不会有足够的营养因子，这会引起神经元死亡，直到剩下最理想数量的神经元参与建设神经回路。如果轴突错过了目标，它将得不到营养因子也会死去。列维－蒙塔尔奇尼因为发现了神经生长因子，在1986年与斯坦利·科恩（Stanley Cohen）一起获得诺贝尔奖，而且她直到100岁高龄还在自己的实验室工作。她通过每天服用小剂量的神经生长因子，从而在这个伟大的年纪还能让自己敏捷的头脑和充沛的精力全部都贡献于科学。

专栏

大脑发育的神经营养学假说

大脑的发育开始于大量过剩神经元的产生，如果没有得到足够的营养因子，它们中的很多都会死去。

神经元是在神经形成的过程中产生的，它们随后迁移分化并产生树突和轴突。轴突在化学引诱剂的指导下朝向一个目标生长，它的末端突起，且有能力从细胞间隙中吸收化学因子。这些化学因子包括神经营养因

专栏

子，它会沿着轴突转运到位于细胞体的细胞核。不能吸收足够多且正确形式的神经营养因子，要么是因为轴突长向了错误的目标，要么是因为有太多别的已经存在的轴突参与竞争，最终导致神经元死亡。

程序性细胞死亡是细胞死亡的一种方式，这种方式通过激活特殊的基因来控制细胞的分解。死亡细胞的细胞膜和核膜仍然是完整的，以此来保证没有细胞内溶物流出给周围的细胞带来不幸。这种形式的程序化细胞死亡是默认条件，也就是说，细胞死亡会自动进行，除非有一个化学信号阻止这个过程。在神经发育过程中，信号是由神经营养因子发出的。

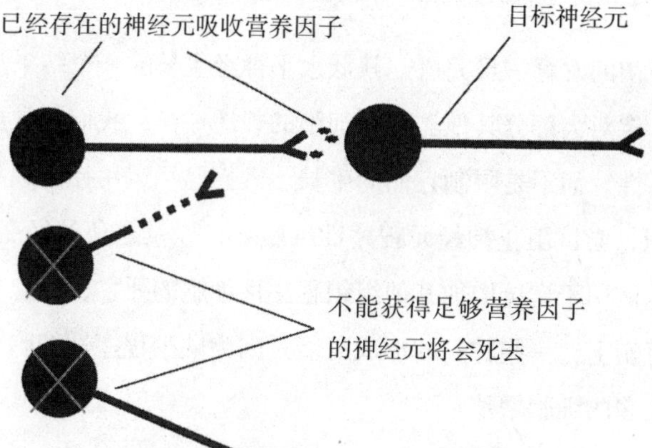

图 11—2　大脑发育的神经营养学假说

人们对人类大脑在早期发育中由于程序性细胞死亡造成的失去神经元的数量估计仍存在很大争议，但已估计出其大部分数量超过 50%。在成熟大脑和正在发育的神经系统中，神经营养因子似乎有能力中断程序性细胞死亡的发生，它们也有潜能保护大量的细胞受损并限制神经细胞死亡。

人们通过设计方法来增加神经营养的水平，并以此延缓神经退行性疾病的尝试已经取得可喜的成绩。

脑肿瘤

简单来说，大部分肿瘤都可以被认为是由组织生长出现问题而引起的。组织生长依赖于细胞分裂，因此肿瘤就是有丝分裂出故障而导致的。由于神经元的有丝分裂只发生在成熟大脑非常低级的时候，因此脑肿瘤的发生不太可能来自于神经元。相反，与神经系统有关的一些支持细胞的增殖会持续一生，这些细胞错误的有丝分裂会引起大部分脑肿瘤的出现。脑肿瘤中最常见的是来源于神经胶质的神经胶质瘤，以及发育到脑膜外的脑膜瘤。

大脑最初的发育一旦完成，其低水平神经生长的一个结果是：在神经科学领域，像对大部分其他类型的细胞的关注一样，我们通常更关心保持神经元的活性，而不是限制它们的生长。人们已经运用控制细胞死亡分子机制的知识，尝试阻止神经元程序性细胞死亡以及避免神经变性。相反，这种知识也被用于尝试增加其他组织程序性细胞的死亡，以此来减小肿瘤的体积。事实上，一些肿瘤的形成可能是因为缺少程序性细胞死亡，而不是因为有太多的细胞增殖。

控制程序性细胞死亡的一组基因是 Bcl–2 家族，它们能产生一些可以摧毁细胞的细胞凋亡蛋白酶。这些特定酶引发亨廷顿舞蹈症中纹状体内神经元死亡的原因已经被阐明，人们可以进一步探索出治疗方案，阻碍这种疾病的发展。

一些来源于神经系统细胞叫作神经母细胞瘤的稀有类型肿瘤，它们与交感神经系统和肾上腺髓质细胞有关。人们已将来自其中某种肿瘤的细胞提取出来，让其在培养皿中保持了多年活性，并产生了一个叫 PC12 的细胞株。尽管这些细胞株不是“合适的”神经元，但它们具有很多单胺类神经元的属性。我花费了数月研究它们，希望能理解黑质中的多巴胺神经元是如何死亡的，并进一步了解帕金森病产生的原因。

在某一阶段，我不得不把一些细胞转移到潜在合作者的另一个实验室，他对此研究也很感兴趣。这就意味着，我需要把这些细胞用液氮冷冻在一个细颈瓶里，而细颈瓶的顶部不是很合适，导致冷冻液氨产生的白雾从瓶子里冒出并定期散到车窗外，这肯定会让别人以为我的车随时有可能爆炸，也因此给了他们一个特别好的追尾理由。

青春期神经发育

早在人出生的头几个月，绝大部分神经的生长就完成了。但是，这并不意味着神经发育就停止了。轴突的生长和树突的细化依然在进行，在很多年内会发展到大规模的程度。此外，直到人成年，髓鞘的生长才会完成；直到人 20 岁早期，前额叶髓鞘的形成才会完成。

人们观测到的脑基础结构中的发育变化反映了性类固醇的作用，这引起人在围产期和青春期相当多的神经重塑。

当脑中负责释放促性腺激素释放激素的神经元被激活时，人的青春期就开始了。然后，人的部分皮层和边缘系统开始发生变化，使个体开始获得成年人的认知、决策能力和社会行为。这个重塑过程包括细胞死亡、树突改变、突触的形成和消除，以及一些神经的生长。

人在不同性别之间存在着神经发育的差异，一些性别二态性直接与性生理有关。比如，男性需要一些额外的器官来完成勃起和射精，这就需要其脊髓中有一个比女性更大的球海绵体肌核。在下丘脑内，有一个结构叫雌雄两性细胞核，位于内侧视前区。在大部分哺乳动物中，雄性的这个结构比雌性更大，附近的终纹床核也是这样，这些结构中的一部分会负责控制性行为，但其在变性人中可能有不正常的形态。相反，女性的内侧下丘脑比男性大，这个区域参与组织性反应，其形态对雌激素很敏感。相反，男性的内侧杏仁核比女性更大，这个结构里有高密度的雄性激素接受器，它接收来自嗅觉和信息素系统的信息，引发与繁殖有关的行为。

大脑的性别差异还表现在其他方面，但与性行为和繁殖行为有关的差异并不明显。女性的蓝斑（locus coeruleus）比男性的更大，这个结构位于脑干，它是大脑内去甲肾上腺素的主要来源之一。蓝斑这种在大小上的性别差异，是因为女性在青春期时有更多的神经生长和神经元迁移到蓝斑。一些研究已经表明，男性和女性对压力源的反应有所不同，可能就是因为他们去甲肾上腺素的释放方式不同。

大脑皮层也存在着性别差异。在青春期，男性的初级视觉皮层大于女性，因为女性有更大程度的细胞死亡。同样的差异也在人类的认知领域有所发现。男性比女性有更强的空间认知能力。但是，女性的语言能力却要远远高于男性。

随着受体的表达，更多精细的变化开始发生。在青春期早期，前额皮层的多巴胺受体数量开始增多，而在青春期晚期又缩减到原始水平。伴随着从杏仁核到前额皮层投射的变化，这种效应在男性身上更明显。这种青春期重塑可以对一些行为产生实质性的影响，其中包括决策和社会认知。

萨拉－杰妮·布莱克莫尔（Sarah-Jayne Blakemore）不仅深入研究了人脑在青春期和成年时的差别，还特别研究了人脑在社会信息加工方面的差别。正如在第 6 章中提到的，脑有神经环路，它们被用于加工与其他事物有关的认知信息。正是这些环路才使我们识别出别人的心理视角，这些区域包括脑中的部分前额皮层、颞上沟以及颞叶和顶叶的联合处。这些结构的功能差异会影响青少年处理情绪的方式，比如被排斥、陷入尴尬境地、内疚等，青少年对这些情绪的感触会比成年人更深。

青少年，尤其是男性，喜欢做出高冒险的决定。青春期的人脑似乎对奖赏极为敏感。相反，负责控制冲动和抑制反应的脑机制发展得比奖赏系统慢得多。这使得青少年常基于社会线索和情绪做出决定，特别是其处在高唤醒的社会情境下时。

青少年男性的高冒险决策特征可能是这个年龄群体受伤率更高的原因。比如，交通事故的发生率数据显示，年轻男性更易受到伤害，这让很多研究者开玩笑说青少年男性有死亡之愿。来自 2010 年疾病控制和预防中心的数据显示，在美国，16~19 岁青少年的致命车祸发生率是成年司机的 3 倍。而在这一年龄群体中，男性的车祸事故发生率又是女性的 2 倍。此外，这些事故所多数是由于司机的错误操作导致的，而不是由于机械故障。相似的，来自英国交通部的图表显示，2009 年，有 27% 的交通事故致死事件都是由于年轻司机造成的。

布鲁克赛德

几年前，利物浦的肥皂剧《布鲁克赛德》(*Bookside*) 中刻画了一个住院的年轻司机，他错误地判断了道路的情况，以至于把车开得太快。该剧的制片人联系到我的妻子，咨询她有关如何在 ITU 病房照顾昏迷病人的建议。我的妻子花费了大量时间，准确地描述了 ITU 病房里该如何布置各种管子、哪些监测器该亮着、哪些监测器该发出“哔哔”声。他们非常感谢她的建议，但最终决定不按照这种建议来布置剧中的病房。而最近，4 频道的肥皂剧《射手》(*The Arders*) 中又出现了相似场景，该剧制片人联系到我们当地的专家，咨询有关如何扮演在袭击中头部受伤的受害者的建议，而这次他们完全按照我妻子的描述来布置病房。

弓形虫病

关于神经重塑，我们最后一定要讲另一种无脊椎动物，这是一种叫作刚地弓形虫的原生动物。它是一种寄生虫，可以引起弓形虫病。它的主要宿主是猫，但它也会侵入多种哺乳动物包括人类的身体内。这种寄生虫通常会在人体内诱发一些症状，但在感染之初，它会引起类似感冒的轻微症状。然而，这种原生动物偶尔也会引起包括脑炎等神经方面的问题，。

寄生虫也会感染啮齿类动物。小鼠和老鼠对猫有一种非条件性恐惧，它们闻到猫尿和猫身体上的味道就会回避。而啮齿类动物感染弓形虫会引起其杏仁核功能的改变，因此，感染弓形虫的啮齿类动物不再害怕与猫有关的味道，它们甚至会把猫找出来，尽管对老鼠来说这相当于自杀，但是这对弓形虫有好处。弓形虫不得不回到猫的体内完成其繁殖过程，并且将自己的后代释放到猫的排泄物中，这样新的受害者就会被感染。

关于脑发育有一个很大的悖论：神经生长伴随着阶段性的细胞死亡。这种程序性细胞死亡的波动塑造了脑的形态，并且能对神经环路进行微调。外周神经系统中神经元受伤后的复原能力并没有在脑的神经元中得到体现。但是，脑也保持了一定程度的可塑性，脑的一些发育变化只发生在人的青春期和童年早期，这些变化可以解释很多青少年非常有特色的社会行为。

在第 12 章中，我们会看到低下的前额叶功能如何影响社会行为。我们也将放眼未来，探索神经科学的发展如何影响疾病的治疗，以及是否能改变我们对道德、政治和宗教的看法。

第 12 章　机器人、认知增强剂和道德困境

本章是总结章，我们将会探视未来，思考神经科学的进步会如何影响神经和精神疾病的治疗。我们还会探讨利用相关技术去调节人们社会行为的可能性，而这种可能性又会引导我们去探讨对健康人的脑功能进行干预是否符合伦理。为此，我们必须去思考伦理从何而来。事实上，神经科学的进步也许会改变我们对于道德、政治和宗教的看法。

大显身手

近年来，神经科学领域工作人员的数量出现了戏剧性的增长。这些人里有学术研究人员，也有比前者数量少一些的临床神经科学工作者，比如神经外科医生。与总数一同增加的是女性神经科学家的比例。事实上，在英国，最出色的神经科学家中很多都是女性，而且病人们也似乎更乐于接受女医生的意见。最近很长一段时间，我的妻子回家以后都说，她的病人

更愿意和她谈话，而不是和即将给他们动手术的男医生。

近年来，人们在理解大脑机能与机能失调方面的一些主要进步，都得益于基因分子和脑成像技术的进步。这些技术使大家认识到，很多心理健康问题都伴随着大脑结构的异常，并且可以追踪与该异常相关的特定基因。人们正在研究的相关候选基因包括那些控制一元胺转运的基因，比如对儿茶酚氧位甲基转移酶（COMT）进行编码的基因、能分解多余一元胺的基因以及形成不同种类多巴胺受体的基因。

脑成像研究显示，精神分裂症患者的脑组织损失量较大，而抑郁症和创伤后应激障碍患者会有颞叶损伤，人们的社会认知、面部表情识别和考虑别人的思维立场等都涉及到特定的大脑回路。对服刑人员的脑成像研究还显示，很多罪犯的额叶和颞叶都有尚未得到解释的异常。另外，越来越多的证据也表明，社会上脑问题未得到诊断的人或许不在少数。比如，莫里斯（Morris）及其同事在 2009 年的报告中阐述，在自愿参加脑成像实验的“正常人”中，有 2.7% 的人脑部都存在轻微的形态问题。

越来越多的医院具备了大脑扫描的条件，这也对医学产生了巨大影响。就在不久之前，老练的神经病学家还在为他们仅需髌骨锤、帽针和检眼镜就可以对特定的神经疾病进行详尽的临床诊断而引以为豪。而如今，他们需要的只是填写神经放射检测申请表。

神经成像技术也使神经外科手术发生了变化。比如，在治疗帕金森病或其他病症而为患者植入深层脑刺激电极的时候，现代大脑成像技术可以使电极安插的立体定位更好。事实上，我的妻子特别希望的是术中磁共振仪（intraoperative MRI machine），它可以在手术进行时扫描大脑，这样就不用把病人从手术室推到放射室了。

而放射手术也对神经外科手术有着直接影响，其中最引人注目的相关例子便是对脑动脉瘤的治疗。脑动脉瘤是由于血管壁肿大所致。脑动脉瘤发病的动脉位于被叫作蛛网膜下腔的间隙中，这些间隙在脑脊膜中。虽然抽烟和高血压都是导致脑动脉瘤的因素，但也有一小部分人天生就有罹患该病的倾向。

脑动脉瘤病人直到肿瘤破裂、血液流入蛛网膜下腔前，自己都完全不会察觉到有脑动脉瘤。病人描述自己发病时的感觉就像脑后被棒球棍砸到一样，而且可能会伴随晕厥或者呕吐。在脑动脉瘤病人存活的病例中，其血管壁肿胀处会渐渐结痂，但这种脆弱的结构非常有可能再次破裂。一个应用了很长时间的脑动脉瘤治疗方法是，做手术将病变的血管挖出来，在血管肿大部位的瓶颈处放置一个夹子，这种手术需要神经外科医生具备很丰富的经验才能完成。然而，治疗大多数脑动脉瘤的现代方法则是借助放射技术的螺旋法（coiling）。这种方法是将一个小的金属螺旋插入主血管，在 X 光的引导下，使其离开心脏沿上的行动脉前进并到达血管破裂处。其金属螺线经过特殊塑形，可以将动脉瘤的瓶颈处封好。这种方法使得动脉瘤夹闭术（aneurysm clipping operation）的实施次数大幅度减少，也使一些神经外科医生找到了新的专业兴趣。

窥见未来

用婴儿神经移植的方法来治疗如帕金森病之类的神经退行性疾病，其效果已经有些令人失望。但在某些领域，利用干细胞治疗神经性疾病看上去前途还是光明的，其中一个领域就是视网膜修复。在发达国家，导致人失明的最主要因素是老年黄斑变性，它是由视网膜色素上皮退化所导致，而利用人体胚胎干细胞产生的替代上皮组织可以基本上矫正这一变异。实验研究显示，这一做法的确可行，而且最近的技术发展到能够增强多能干细胞生成视网膜色素上皮细胞的能力。

在更加未来化的项目中，我的妻子第二感兴趣的是尝试治疗脊髓损伤的病人。严重的脊柱伤可以使人脊髓断裂，从而切断大脑向身体传递的运动指令信息和身体向大脑传递的感觉信息。在英国，每年约有 1 200 人因为脊柱损伤而瘫痪，另据了解，英国共有大约 40 000 人过着截瘫的日子。

据粗略估计，人类脊髓中活跃着大约 1 300 万个轴突。因此，重连断裂的脊椎的做法有点离谱。另一种方法是当人想运动时，检测产生运动信号的大脑皮层，这些信号可以通过计算机接口传递给某种机器人或者机械。

这种方法已经有应用成功的案例。2013 年，克林杰（Collinger）和他的同事报告了一个 52 岁四肢瘫痪女患者的案例。该患者的大脑运动皮层被植入了一套由 96 个微电极组成的电极序列，其电极发出的信号通过计算机接口有线传送到“最新型的”假肢上。几天之后，该患者就可以仅凭思维而使假肢运动了。经过 3 个月的训练，她就可以精确地够到目标、熟练活动，并且能在协助下完成其日常生活进行的活动。

当地的一群生物医学电子工程师正想方设法避免大脑电极一定要通过电线与电脑连接，这就必须设计出一种能将大脑运动皮层信号无线传输的电极。我妻子的工作也终将变成往病人的大脑中植入电极。

有一个相似的方法也是使用电极。脑电图技术（EEG）就是将电极放置在头皮表面，而不是植入大脑内，脑电图技术使用的电极可以透过颅骨检测到大脑活动时相对粗略的变化。理论上，人们通过解码这些杂乱的神经活动信息，能得到足够清晰的信号来控制机器人。杜德（Doud）及其同事在 2011 年的报告中说明了这个方法的潜力。他的团队证明了，健康人只要佩戴一个带有 64 个头皮电极的脑电帽子，就可以仅凭想象驾驶一台虚拟的直升机。

认知增强剂

神经科学的进步会影响很多人的生活，当然，人们不会再用往运动皮层里插电极这么戏剧化的方法了。就像了解了隐藏在认知能力增强背后的药物机理一样，人们也有潜力去开发能使认知能力增强的药物。

近年来，人们进行了大量工作来研究所谓的“认知增强剂”和“聪明药”，以增强认知能力和保护神经健康。人们一想到学生们会突然拿出药片来提高成绩，飞行员会通过吃药来提高飞机驾驶能力，就会焦虑地争论是否可以以药增智。然而很多年来，人们已经开始这样做了。比如咖啡，它里面含有精神兴奋剂——咖啡因，从 15 世纪以来，咖啡就开始被广泛消费。在发达国家，咖啡的消费规模之大以至于其成为 90% 的成年人的日常兴奋剂。

咖啡因可以轻松穿过腺苷受体上的血脑屏障。腺苷在核酸构造中起到核心作用，而且在控制能量释放的生化过程中也处于核心地位。腺苷还可以起到抑制性递质的作用。咖啡因通过与腺苷活动的拮抗，间接地增强了其他递质的释放，比如一元胺、多巴胺、去甲肾上腺素、5- 羟色胺、乙酰胆碱和谷氨酸。

咖啡因可以通过影响多种神经递质系统来增强人的警觉性和清醒度，改善睡眠缺乏人群的认知表现。然而，它的效果却因人而异。

以固定时间间隔饮用大量咖啡的人会对咖啡产生依赖，他们一旦中途没有饮用咖啡，便会出现戒断症状。一些研究者认为，咖啡因作为认知增强剂只在那些对咖啡依赖成瘾并出现戒断症状的人群中才会出现效果。所以，受关注的药物兴奋效果也许只是反映了戒断症状的缓解，而非真正的增强认知。

最近以来，一些人开始服用莫达非尼（modafinil）来改善困倦时的行为表现。这种药物一开始是为了治疗包括嗜睡症（narcolepsy）患者在内的睡眠异常人群的处方药。它似乎并不会像其他大多数精神兴奋剂那样去显著地影响多巴胺和去甲肾上腺素的水平，但却会影响食欲素（orexin，阿立新）这种调节饮食和睡眠的肽。一些人宣称莫达非尼不仅可以改善失眠人群的认知表现，对非失眠人群也有效果。

一些人也会把利他林（Ritalin）用作提高认知表现的辅助药物。这种复合药物也许是目前治疗注意力缺陷障碍多动症（ADHD）的最佳处方药。注意力缺陷障碍多动症这种精神疾病的特点是注意力障碍、多动、易冲动，多发病于儿童。这种疾病受到遗传的影响，有 5% 的美国儿童被确诊患有此病，其中男性人数远远高于女性。利他林可以缓解儿童的一些注意力无法集中的问题，提升前额叶皮层多巴胺和去甲肾上腺素水平。利他林将一元胺调节至接近最佳水平，使得患者的执行功能有所改善。有初步研究数据显示，这种复方药可能会提升非注意力缺陷障碍多动症学生的认知表现。

虽然用药物治疗有行为问题儿童的争议很大，但很多人都认为寻找治疗痴呆的药物确实非常重要，否则这个世界将无法照顾日益增加的老龄人口。

很多神经和精神方面的疾病，包括亨廷顿舞蹈症，都会引发痴呆和其他多发症。但有 70% 的痴呆症却是阿尔茨海默症（老年痴呆或者早老性痴呆）导致的。

阿尔茨海默症（Alzheimer's disease）以其在 1906 年的发现者、德国神经病学家阿洛伊斯·阿尔茨海默（Alois Alzheimer）的名字命名。该病的发病规模广泛，据估计在 2006 年约有 266 万患者。这种疾病是一种进行性发展的神经系统退行性疾病，伴有对新近发生事件的记忆力减退、思维混乱、情绪不稳、易怒等症状。

阿尔茨海默症病人的脑中出现了病理性的斑块和缠结，使得大脑皮层和海马出现了第 10 章中描述的情况。除了这些病变以外，一些病人还会表现出基底前脑的胆碱能神经元严重损失（胆碱能神经元是释放乙酰胆碱的神经细胞）。这一区域叫作梅纳特基底核（basal nucleus of Meynert）或下橄榄核（nucleus basalis）。这种基底核是由一系列位于基底节正下方的大细胞体神经元组成。这些神经元的轴突分支数量很多，终端位于大脑皮层和海马。所以，这些神经元损失就会阻碍乙酰胆碱的生成。服用阿托品（atropine）之类阻挡乙酰胆碱受体的药物可以暂时改善认知缺陷。知道这些，人们就可以尝试通过服用促进乙酰胆碱类神经递质的药物来治疗阿尔茨海默症，这与服用多巴胺类药物治疗帕金森病的做法明显是相似的。

乙酰胆碱酯酶（acetylcholinesterase，AchE）可以使乙酰胆碱失去活性，将突触间隙的乙酰胆碱分解为乙酰基和胆碱。药物可以阻断乙酰胆碱酯酶，增强突触间隙中乙酰胆碱的水平。具有这种效果的药物包括毒扁豆碱，近年来它常常被用来治疗重度肌无力症。重度肌无力症是一种自身免疫系统紊乱疾病，患者体内的抗体阻断了肌肉神经接点的乙酰胆碱受体，从而导致肌肉无力。人们已经应用类似药物治疗阿尔茨海默症，其中包括多奈哌齐（donepezil），其市面上的名字叫作安理申（Aricept）。虽然已经有一些证据证明，多奈哌齐在治疗一些阿尔茨海默症患者的认知不足方面有一定成效，但它是否能够治疗阿尔茨海默症仍存在很大争议。

神经整形术

近年来，我们可以看到整形手术行业的迅猛发展。在美国，每年会做超过 1 000 万例的整形手术。在我们这些每天被手术缠身的人看来，那些主动去找手术做的人很不可理喻。事实上，至少在英国大多数医生都会建议："除非迫不得已，否则都不要动手术。"这在一定程度上反映了由于手术全身麻醉引起的并发症统计数据。有趣的是，一些精神科医生发出了类似的忠告："除非绝对需要，否则就不要进行心理治疗。"

将整形手术的流行和神经科学的进步结合起来考虑，有可能出现一种匪夷所思的情况，那就是人们自愿去给大脑皮层整容来改变自己的人格特点。很显然，虽然这种情况很荒谬，但还是先看一下肉毒杆菌疗法是如何起效的。

肉毒杆菌（botox）是指肉毒杆菌毒素（botulinum toxin），它是一种强烈的神经毒素，由肉毒芽孢杆菌产生。这种化合物毒性很大，仅毫克量就可以致死。其毒理是阻断肌肉神经接点乙酰胆碱的释放（见下面专栏中图 12—1）。对一块肌肉进行少量注射后，肉毒杆菌可以使注射点周围的肌肉纤维瘫痪。这种基本能够持续数星期的局部致瘫效果据称可以改变面部组织的形态外貌，从而使人看上去更具吸引力。在治疗某些类型的肌张无力、眼睑痉挛（眼皮痉挛性抽动）和某些见于多发性抽动症（特瑞综合征）的抽搐中，肉毒杆菌具有药用价值。由此可见，就算不是直接作用于大脑上，药物整容手术也已经在神经系统手术上形成了产业规模。

专栏

肌肉神经接点和肉毒杆菌作用处

小泡向肌肉神经接点的突触间隙释放乙酰胆碱，导致肌肉纤维萎缩。肉毒杆菌在这个地方阻断神经活动，并麻痹肌肉纤维。该毒素的作用相当于一种酶，能分解保障内含神经递质的小泡与突出前膜融合的蛋白质。这就导致肌肉神经接点的乙酰胆碱释放受阻，麻痹肌肉纤维。

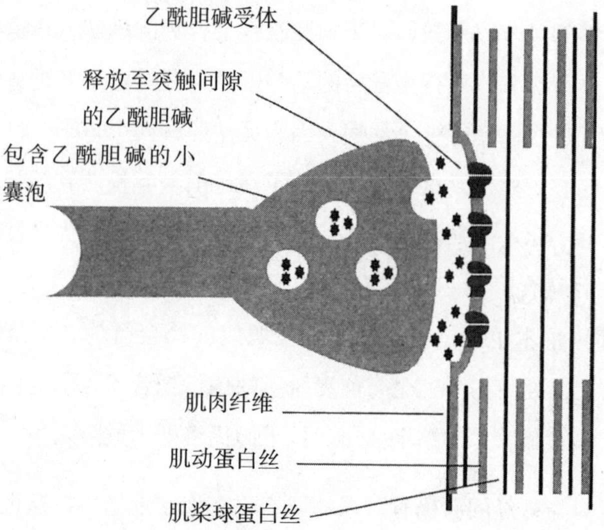

图 12—1　肌肉神经接点和肉毒杆菌作用处

神经科学与道德

神经科学的进步也许会对我们如何产生道德感提出新的观点。这就意味着，我们也许将不仅限于学术和哲学的讨论，而是将视野扩展到法律，甚至可能是政治观和宗教观。

考虑罪犯犯罪动机的一个普遍前提是，人是一种能为自己行为负责的独立个体。反社会行为的出现被视为一种不恰当的社会学习的后果。阿尔伯特·班杜拉（Albert Bandura）是这类理论的早期先驱之一。在他的一个经典实验中，班杜拉叫孩子观看一个成年人的表演，该成年人故意向一个小丑模样的充气娃娃实施暴力。接着，班杜拉再叫这个孩子和娃娃独处，这个孩子就会模仿成人对娃娃做出侵犯行为。这些观察结果引出了假设，那就是社会学习为我们的大多数社会行为埋下了种子。

神经科学的进步以及我们对于脑控制社会行为的理解，正迫使我们重新思考反社会行为和侵犯行为背后的某些因素。我的妻子最近碰到的一个病人就说明了这个问题。一个女病人因为无法照顾两个孩子，打算把他们托付给他人照顾。然而，这一情况反映了在她前额叶检测到的肿块可能导致其没有足够的耐心来照顾孩子。后来，这个肿瘤被确诊为良性，通过手术将其切除后就有可能使她恢复正常。可惜的是，事情并没有这么简单。虽然神经外科手术也许已经矫正了这位妈妈的社会行为，但是却对爸爸无能为力，他已经将另外三个与前妻所生的孩子托管了，因为他会虐待孩子。所以，不管脑手术的结果如何，孩子们仍将处于危险之中。

犯罪行为与神经问题确有联系的证据正在稳定地增多，这也引发了一些伦理难题。一系列脑成像研究表明，很多重刑犯的前额皮层有功能性和结构性的问题，其颞叶也存在结构问题。还有证据显示，很多罪犯的5-羟色胺水平偏低，这一发现立即提升了通过使罪犯服用某种药物来提升5-羟色胺水平的可能性。

如今，医生可以开具很多能够提升5-羟色胺水平的药物，其中包括SSRIs类药物（选择性血清素再吸收抑制剂），它能够治疗诸如抑郁症等多种精神疾病。这些药物能够有效改善某些精神病患者的病症，并被认为相对安全，副作用极少。其实，已经有一些研究显示，SSRIs 类药物能够减少成人和儿童的侵犯行为。

但是，这造成了一个很明显的道德困境。如果给一个没有确诊疾病的人开药，这在道德上是否正确？更具争议的是，这样的人是否应该被强制用药？法医神经学家阿德里安·雷恩（Adrian Raine）对这些道德考量进行了一些讨论。一般社会上的人看上去的确不太情愿用药物治疗精神疾病。然而，很多人都会定期自我用药，比如品一杯香茗（咖啡因）、酌一杯令人心旷神怡的美酒（酒精）或吸一支令人平静的香烟（内含尼古丁，会影响乙酰胆碱受体）。人们不愿意管理作用于精神的药物，也许是因为 20 世纪 60 年代到 70 年代医生乱开安可洛地（anxylotics）处方，以及在此之前精神外科手术的泛滥。

一般的司法体制似乎很难接受机体神经疾病可能导致反社会行为这一观点。事实上，即使犯罪行为也许与健康问题直接相关，法院通常也不会为此偏向对罪犯有利的一面。

莎拉弗·霍金斯（Sheilagh Hodgins）做过几个大型纵向研究，考察罪犯犯罪行为和精神失常之间的关系。她的工作很明确地证实了，很多精神疾病患者一般都有犯罪记录和暴力犯罪倾向。这种联系在女性精神病患者中尤为突出。然而，这些发现似乎并没有影响法院对犯罪者的实际审判，法院甚至毫不同情亨廷顿舞蹈症病人。这些病人的一级亲属（父母、子女、兄弟姐妹）具有较低水平的侵犯行为，而病人自己则表现出比亲属更高级别的侵犯行为。人们对这些病人的突变基因序列已经测序完成，并详细描绘了他们的脑病理学特征。

司法机关不愿去考虑脑病变对犯罪行为的影响，一部分原因也许是由于公众害怕像杀人犯之类的重刑犯会以“是病变脑犯的错，而不是自己犯的错”为理由要求得到赦免。这就导致了这样一个问题，在大脑扫描出的少见病变是否可以成为一个人的犯罪借口呢？

神经科学的进步也使我们能够洞察道德感最初是如何建立起来的。乔纳森·海特认为，我们的道德感通常有 5 种内在道德准则。这些准则反映出我们如何看待伤害（harm）、恐惧（fairness）、权威（authority）、内群体（in-groups）和清白（purity）。不出所料的是，精神病人会表现出社会认为不道德的行为方式。然而精神病人的大部分道德缺陷只在 5 种道德基础中出现两种，也即伤害和恐惧（参考见 2009 年格伦团队和 2011 年阿罗尼团队的成果）。这些道德基础也反映出一个人的政治观。持保守政治观的美国选民倾向于将这 5 种道德基础一视同仁，而具有自由政治倾向的选民则更强调伤害和恐惧的道德重要性。

近年来的一些研究显示，选民们其实并不会仔细权衡不同政客和党派间观点的优劣，而是会关注一些与重要事物没有直接关系的特殊线索。2010 年，奥利沃拉（Olivola）团队整理了一些证据，说明通过观察美国政治选举候选人的面部表情能在一定程度上预测投票结果。候选人的选票数量以及获胜可能性与其人格特征相关，而人格特征则会通过他们的面部表情表示出来。另外，人们对于人格特征的判断速度很快，可以达到 100 毫秒的级别，在美国、澳大利亚、法国、意大利和英国等很多国家都发现了类似现象。

一个人的政治观点可能来源于他的人格特点，而不是来源于其对人生阅历的理性思辨。人格特征可能深深根植于脑，其中一些特质可能是由基因驱使的。乍一看，这个观点似乎很荒唐。然而，有一种说法就是，要看一个人怎样投票，就要先看他的父母怎样投票。在医学上也有同样的道理，人们易因导致他们父母死亡的疾病所致死。这些观点都证明，生物因素可能会影响我们的政治观点。

人们对双生子的研究显示，人的政治偏好可能具有自己的遗传成分。与此类似的是，负责编码的 D–2 多巴胺受体等位基因也与强烈的政治信仰有联系，影响着人们选择政治党派和投票的倾向性。而 D4 多巴胺受体的基因变异还与人们的猎奇心和自由政治倾向有关。

还有研究显示，人们的政治态度与人格特征有所关联。2008 年，奥克斯利团队的研究表明，测量到人的生理反应程度可以预测他们的政治观点。所以，对突然的声响和吓人的图片反应剧烈且皮肤电阻变化较小的人更倾向于支持国际救援和自由移民政策，对这些厌恶刺激生理指标反应更大的人则更加认同或支持放宽强制管理的法律和死刑。类似地，一个人的厌恶感也与其政治观点的保守度高度相关，尤其是涉及到堕胎和同性婚姻一类的问题。桑希尔（Thornhill）及其同事在 2009 年的研究显示，社会的民主化水平与其流行病爆发的风险呈负相关。在 22 个国家中，保守风气和男尊女卑的程度与传染病流行程度相关。他们还认为，20 世纪不同国家的民主化进程与该地的传染病疫情消退有关。

宗教信仰和政治信仰容易受到血缘的影响。事实上，这两种信仰的树立方法有很大一部分是重叠的。宗教和政治的观点都是基于一种信念，这种信念能够经得住推敲，能为人在评判这个世界时提供一种道德框架。

所以，如果政治观点反映了大脑的内部联结，那么我们是不是可以同样认为宗教观点也能做到呢（当然，这个问题没有将“使脑出现这种联结是否只是基因的随机突变，而不是由一种更超然的力量所设计好的”这一问题纳入考虑范围之内）？

人体中还存在着与虔诚度有关的遗传标记。比如一种对应着 5- 羟色胺运载体的特殊基因变化就与参加礼拜的频率有关。相似地，特定的人格特征，比如高厌恶敏感度和强迫性特质也与虔诚度有关。

俄格西（Urgesi）及其同事在 2010 年的一项关于神经外科手术患者的研究中指出了一些产生宗教情感的特殊脑区，该研究观察了自我超越的人格特征（以心灵的方式进行感受、思考和行为）与大脑皮层上的肿瘤有多大相关。人在精神上的感觉似乎与跨越前额叶、顶叶和颞叶的皮层网络有关，这一回路后侧肿瘤的出现则与高度的自我超越体验和神秘体验有关。

有趣的是，在 1539 年创立耶稣会的圣依纳爵（St.Ignatious），其早年度过了一段戎马生涯。他在 1521 年的潘普洛纳（Pmplona）战争中头部受到重伤，随后其精神上出现了转变。这使我们十分好奇，是否应该感谢由于这些人前额叶的损伤而为我们塑造了勇猛的军事英雄；而由于这些人顶叶后部的损伤则赐予了我们宗教的贤人。

神经科学和社会工程学

我们可以抛开任何潜在的道德和伦理困境，去思考哪些神经科学的进步可以被用来更多地改进社会。几乎可以肯定，我们最先想到的是努力改善人类大脑前额叶皮层的功能，低下的前额叶功能似乎是产生很多社会问题的核心。正如我们所看到的，前额叶功能障碍与攻击行为、冲动行为以及赌博都有关。另外，低下的额叶功能一般与健康之间也存在联系。

额叶功能与健康之间的联系，可能反映出那些额叶功能受损的人没法保持健康的生活方式。有一系列考察口腔健康和中央执行功能关系的研究说的就是这件事，人们糟糕的口腔健康与低下的认知能力有关，而这一关联又反映出认知能力低下与经济地位低下之间的关联。有趣的是，这些联系又与收入不均等和绝对国民收入相关。因此，社会收入分配越平等，牙周病的发病率就越低。类似的关系也会在不同国家中、甚至是在美国的犯罪案件特别是凶杀案件中得以体现。

人前额叶功能强大的一个标志就是延迟满足的能力。沃尔特·米歇尔（Walter Mischel）在过去的 40 年中，围绕着这一问题对儿童进行了大量研究。在一个很经典的实验中，米歇尔观察了 4 岁儿童的行为。研究人员给儿童提供了一盘棉花糖，并告诉他们可以立即吃，但他们也可以 10 分钟后再吃，这样他们会再得到额外的 3 个棉花糖。那些为了得到更多棉花糖而不立即吃的孩子们，他们后来的成就要比那些立即就吃的孩子高。另外，能够延迟满足的孩子在青年时期更加能干，学业突出，能更好地应对压力，最终成为更加富有、事业顺利、社会地位较高的成功人士。脑成像的研究显示，孩子 4 岁时的延迟满足能力还能反映出其前额叶皮层的结构成熟。

还有一个很少被提及的重要问题，就是那些由于前额叶功能低下而影响正常生活的人。人们经常会提及“我们是有责任能力的成年人”的观点，这可能会引出“我们不需要‘保姆政府’”之类的观点。而在神经科学研究看来，这种想法实际上是说所有人的前额叶功能都完全健全。其实，一些发展神经科学家会半开玩笑地说，父母仅仅是我们前额叶皮质的替代品。换句话说，父母要照顾我们、组织规划我们的生活，直到我们自己的大脑发育得足够成熟，我们自己就可以完成这些事。

在发达国家中，前额叶皮层功能不佳的人也许不在少数。虽然具体数字很难估计，但要考虑到患有精神分裂症、精神病、反社会人格障碍（ASPD）、酒精成瘾、药物滥用、痴呆、学习困难和头部受伤的人，这些人都是前额皮层功能不佳者。这样我们就很容易知道，大约有 15% 的人的前额叶功能存在障碍，他们没法完全生活自理。这就相当于告诉我们，通过操控他们的大脑功能来改善这个人群的潜在可能性是巨大的。

最后的思考

通过服用简单无副作用的药物来提升一个人的认知能力，这是个吸引人的想法。然而如今，改善前额叶功能最简单的方法可能就是在源头阻止那些会损害脑功能的东西，酒精几乎是首当其冲。确实，当看到因为酒精滥用而造成的问题时，我们很难理解为什么一个理性的人会酗酒。就说到这里吧，我要去喝一杯了。

北京阅想时代文化发展有限责任公司为中国人民大学出版社有限公司下属的商业新知事业部，致力于经管类优秀出版物（外版书为主）的策划及出版，主要涉及经济管理、金融、投资理财、心理学、成功励志、生活等出版领域，下设“阅想·商业”“阅想·财富”“阅想·新知”“阅想·心理”“阅想·生活”以及“阅想·人文”等多条产品线，致力于为国内商业人士提供涵盖先进、前沿的管理理念和思想的专业类图书和趋势类图书，同时也为满足商业人士的内心诉求，打造一系列提倡心理和生活健康的心理学图书和生活管理类图书。

阅想·心理

《思辨与立场：生活中无处不在的批判性思维工具》

- 风靡全美的思维方法、国际公认的批判性思维权威大师的扛鼎之作。
- 带给你对人类思维最深刻的洞察和最佳思考。

《安妮聊心理学》

- 英国备受追捧的安万特科学图书奖得主开聊心理学那些事儿。
- 有图、有料、有真相，以轻松浅显的方法另类解读心理学玄机。
- 让你在捧腹之余，对心理学的真谛了然于心，帮助你在今后的生活中获益。

《改变心理学的 40 项研究》（第 7 版）

- 心理学研究领域的经典著作，包含心理学史上影响无数人的、最重要的 40 项研究。
- 20年来畅销不衰的心理学入门经典图书的全新升级和修订。
- 亚马逊心理学类畅销书 Top100，国内高校心理学专业的必读参考书。

Broken Brains by Ian Mitchell.

ISBN: 978-1-137-36683-2